The Japan Society for
Child Study Selection
日本子ども社会学会セレクション

深谷和子

子どもを支える

子どもの発達臨床の今とこれから

北大路書房

もくじ

1章　「困ったちゃん」は花盛り

1節　なぜ「困った子」と呼ばないか　1
1　相談室に連れて来られる子　1
2　なぜボクのままでいちゃいけないの？　3
3　ちょっと古いけれど、ケロンパお姉さんの優しい呼びかけ　5

2節　焦げて、生焼けのケーキたち　7
1　子ども時代が、たった五年だった時代　7
2　焦げたケーキの中を割ってみると　11

3節　かつてない変化の時代の中で生まれた「困ったちゃん」　13
1　ヒトになるのがむずかしい時代　13
2　虐待する親たちの出現　15

2章　子どもはどう変わったか

1節　養護教諭の感じている最近の子どもの姿　21
2節　冷えた世界に住む子どもたち　36
3節　中学生調査から　42
1　心の通い合いが低下した　43
2　対立のない親子関係　45
3　親にはかなわない、親を追い越せない　45
4　規範感覚が薄れる　46
5　現在の校則は無意味　48
6　ジェンダー感覚の広がり　49
7　責任回避傾向・自己顕示傾向の広がり　51

3章　親もまた「困ったちゃん」

1節　養護教諭が感じる最近の親たち　54
2節　親による言葉の暴力　60

3節　先生の眼差しをもち始めた母親たち
――二十四年前の母親調査と比較して―― 67

4章　それぞれの「困ったちゃん」の問題

1節　痩せ願望 75
1　見た目へのこだわり 75
2　子どもの痩せ願望 77
3　痩せ願望とストレス 79
4　まとめ 81
2節　援助交際 82
1　女子高校生の主張 82
2　援助交際はなぜ悪いのか 83
3　人にとっての性 88
4　高校生と援助交際 90
3節　不登校問題 93
1　「学校恐怖症」からのスタート 93
2　ひきこもりの発生 96
3　明るい不登校の出現 98
4節　「いじめ」 100
1　減っていない「いじめ」 100
2　ある学生の回顧 101
3　いじめを手がけるときに 104
4　なぜいじめるか――そのメカニズム―― 106
5　いじめへの対応 107
5節　学級の「荒れ」・授業の「荒れ」 114
1　ある「荒れ」のケース 114
2　「攻撃性」の形の変化 118
3　固い統制からソフトな統制へ 124

6節　ADHD　128
1　ある学校で　128
2　どんな子か　131
3　優れた素質をもつ子も　133

5章　家庭と地域、学校の「子育て力」の低下

1節　失われたものは何だったのか　139
1　家庭の「子育て力」　140
2　地域の「子育て力」　145
3　学校の「子育て力」　146
2節　支えのない成長の時代に　147

6章　子どものよき明日のために

1節　子どもを支える　152
1　人生の「逆境」　152
2　「いじめ」を例に〈支えること〉の意味を考える　157
3　トットちゃんと校長先生の黒い服　159
4　「支える」とは子どもを「自分が護られている感じ」の中で育てること　162
5　見えない敵の恐ろしさ　164
2節　「困ったちゃん」である母親を支える　166
1　むずかしい母親面接　166
2　「養育環境としての母親」面接　168
3　子どもへの好意を示すことの大切さ　171
4　どの母親にもある子どもへの否定的感情　173
3節　支えるとは「待つ」こと　174

1章 「困ったちゃん」は花盛り

1節 なぜ「困った子」と呼ばないか

1 相談室に連れて来られる子

子どもの心理臨床の場にいると、たくさんの「問題を抱えた子」に出会う。その子たちは、自分がなぜ相談室に連れて来られる羽目になったのかについて、どう理解しているのだろうか。薄々か、それともしっかりかは別として、自分が「いい子」ではないらしいとは多分感じているに違いない。しかし相談室で初めて出会ったおとなを何者と思っているのだろうか。それ以前に、コンクリートの建物で、幼稚園とも学校とも病院とも違うけれど、どこか似ている感じもする相談室を、どんな世界だと感じたのだろうか。

相談室にやって来る（正確には、連れて来られる）子どもと、自発的に相談室に来談するおとなとがはっきり違うのは、おとなには「病識・治療意欲・治療理解」があるが、子どもの場合にはそれがない点である。病識とは「自分が病んでいる、ふつうの人と違って不適応を起こしている」という自己把握、治療意欲とは「治りたい、問題解決をしたいとの意欲」であり、「治療理解」とは「世の中には、そうした自分の問題の解決のために援助してくれる専門機関があり、そこにはセラピストやカウンセラーと呼ばれる専門家がいる」という知識をもっていることである。

しかし、おとなと違って子どもにはその理解がどれもないから、親も先生も何かの理由をつけて相談室に子どもを連れて来る。時には「おもちゃがたくさんある場所に行こう」とか「やさしい先生がいて遊んでくれる、お話しをしてくれる」とか。むろんただ黙って説明もせずに連れて来られる子もいるに違いない。いずれにせよ子どもは、そうした説明を丸呑みにするほど愚かではない。自分が悪い子だから叱られるとか、罰せられるとか、もう二度と家に帰れないとか、何やら恐ろしい運命が待っているに違いないと憶測して、いじけていたり、身構えているに違いない。

こうした状況を予測して、子どもを受け入れる相談室には、魅力的なオモチャをたくさん備えた「プレイルーム（遊び療法室）」がある。病識も治療意欲も治療理解もない子どもが、せめて二回目からはおもちゃの魅力に惹かれて、熱心に通ってきてくれるのを期待してである。

しかし、初めて相談室に連れてこられる子どもは、治療理解がないから、オモチャのある魅力的な部屋と、そこに子どもへの柔らかい眼差しをもった〈優しいおとな〉がいることを知らない。だからセラピストとかカウンセラーと呼ばれる人との出会いは、子どもにとって不安と脅威に充ちたものに違いない。プレイセラピストと呼ばれる子ども専門のカウンセラーも、ドキドキしながら子どもを待っている。プレイセラピストは、子どもと遊びながら子どもの発達支援をしてくれる専門家なのだが、その初めの出会いで、時には子どもから「もうあそこには行かない」と言われてしまうこともないではない。そうなっては、その後に続く長い成長支援の過程が生み出せないから、この出会い方に心を遣う。

2 なぜボクのままでいちゃいけないの?

「問題をもった子」や「おとなにとっての困った子」は、その状態がいま始まったわけではない。ほとんどが、ずっと問題を抱えながら成長してきた子であった。

世の中には生まれた時から、周囲から「かわいいね、いい子ね、お利口ね」と好意的な眼差しに包まれて育つ子と、なぜかいつもきつい眼差しでにらまれて、「ダメな子、しょうがない子、やっかいな子、そんなことをしてたら人に嫌われる。私の言うことが聞けない子はそばにこないで」と言われ続ける子の二種類があるのではないか。

大方は「あなたのすることは何でも私たちを喜ばせる。そのままでいいのよ。何でも気の向くまま、自由に振る舞っていいのよ」と言われながら育つが、「問題をもった子（困った子）」とは、「あなたはそのままではダメ。もっと自分を抑えて、自分を壊して、違うあなたに生まれ変わらなければ、私はあなたを愛さない」と言われ続けてきた子なのである。

子ども発達臨床の第一歩は、そうした子どもの目線で〈世界を見る〉ことから始まる。

「何でボクのままでいると、みんなはそれではダメだと大合唱するんだろう」と、「おとなを困らせる子」は思っているに違いない。彼がいちばんしたいことをして、思うままにのびのびと過ごし、自分らしくあろうとすると、周囲はそれではダメだと言う。「なぜそんなにボクのすることが気にいらないの?」とその子は聞きたいだろう。「なぜボクがボクのままでいちゃいけないの?」

実は社会には「いい子の基準」があって、それとあなたはズレているからなんだと説明されたって、彼は納得できないに違いない。

その「ボクがボクであろうとすること」を受け入れてくれるのが、プレイルームにいて彼と一緒に過ごしてくれる人なのである。プレイセラピストは、彼を「困った子」だとは思わない。目の前にいるのは、せいぜい「困ったちゃん」にすぎない。たくさんの魅力と光をもった「困ったちゃん」なのである。子どもはそこで、ひょっとしたら生まれて初めて、「君は君のままでいいんだよ。どんなことをしても、私は君を嫌いにはならないから大丈夫。安心して君のままでいていいんだよ。私がそばにいて、ずっと君を護ってあげる」、そうした眼差しを注いでくれる人に出会うのである。

とりたてて意識せずに、こうした柔らかい眼差しを子どもに注げるようになれば、プレイセラピストはむずかしい仕事ではなくなる。子どもの好きなオモチャを備えた魅力的な部屋が、セラピストの仕事を助けてくれる。あとは、プレイルームでのいくつかの約束ごと（ルール、制限）を設定すれば、そのままプレイセラピイが成立する。

そこで子どもは生まれて初めて、「どんなにいい子でない自分でも、そのまま愛してくれる人」に出会うのである。本来それは、子どもの両親の役割なのだが、彼があまりにも「手を焼かせる子」なので、親ですら彼にかける言葉はとげとげしく、彼を見る眼差しはきついものになっている。いわばだれからの「護りもない状態」での育ちが、子どもの内界を不安定にし、幸せ感を奪っている。その心の穴を埋めるために、追い立てられるようにして、次々と不適応行動を引き起こす。それが「困ったちゃん」の形成過程である。

しかしプレイルームで、いつも「彼を待っていてくれる人」の眼差しが彼の心を少しずつ柔らかくしていく。緊張や不安は去り、攻撃性は減り、がまんができるようになり、素直に周囲の人々と関わることができるようになる。気がつくと、自分が少しずつ社会の望む自分へと変化し始めていることに気づく。それは、周囲の人々、親や先生、友だちから受け入れられる自分への変化である。いつの間にか自分を見る周囲の目が「元気だね、なかなかだね、結構やるじゃないか」と変わっているのを感じる。

学校でも「困った子」「問題をもった子」から「困ったちゃん」へと言葉を変えてみることで、プレイセラピストの備える眼差しの温かさが生み出されるのではなかろうか。それが本書で「困ったちゃん」を使う理由ともいえる。

3 ちょっと古いけれど、ケロンパお姉さんの優しい呼びかけ

「困ったちゃん」について、もう少し説明を加えたい。

「困った子ねぇ」と親を嘆かせた子ども時代は、だれの中にもあったのだ。親はわが子がどんなに自分を手こずらしても、「問題のある子」ではなく、ただ「しょうがない子」と嘆くだけである。成

長して親の手からはみ出し、次々と学校で困ったことをしでかしても、親はこう言って嘆息したのだろう。「困った子ねぇ」と。

こうしたそれぞれの親の小さな嘆きではすまない大きな問題が、最近では社会全体を覆っている。おとなはみな、次々と子どもが起こす問題に手を焼いている。こうした子どもは長いこと、「問題児」と呼ばれてきた。この語には、なんとも冷たい響きがある。相手と自分を切り離すような響きが感じられる。

彼らは確かに「正常な発達の軌道をはみ出した子」として、おとなの手を焼かせる存在ではあるが、○○児というレッテルの張り方は感心しないとされて、使われなくなってきている。いったんレッテルを張ってしまうと、それをはがすのがむずかしいのはだれもが経験しているからであろう。それに、何ひとつ問題をもたない子がいるものだろうか。子どもが十人いれば十人がそれぞれ、違った種類の問題をもっており、違った角度から親を悩ませ、親を手こずらせる。しょせん子育てとは、そういうものであろう。

しかし、どの子もいつかは発達の軌道を修正して、いっちょまえの青年になり、おとなになる日を迎える。今どんなに社会を手こずらせようと、それは「問題児」ではなくて、単なる「困ったちゃん」にすぎないのである。

ちなみに「困ったちゃん」といわれても、年輩の読者以外は戸惑われるかもしれない。

今から三十数年前のテレビの幼児番組で、ケロンパお姉さん（うつみ宮土理さん）が、毎朝テレビで全国の「いたずらっ子」たちにこう呼びかけていた時代があった。ケロンパお姉さんの愛情のこもった呼びかけを懐かしいと思い起こす当時の「困ったちゃん」もたくさんいるのではないだろうか。困ったちゃんもいずれは立派なおとなになるのである。この呼びかけを借りながら、この本を書き進めたい。

2節　焦げて、生焼けのケーキたち

1　子ども時代が、たった五年だった時代

情報化時代の到来はだれもが感じていることだが、その真の意味はなんだろうか。情報はかつての時代、お金を出して教育を受けた人々や特別なステイタスにいる人々など、いわば一部の特権階級のものだったが、今はだれの手にも等しく届けられるようになっている。

しかしその結果、新たな問題も生まれてきている。子どもが不自然に成長促進を強いられている現象がその一つであろうし、その結果だろうか、新種の「困ったちゃん」が次々と現れる状況もこれに起因しているのかもしれない。

アリエス☆1が子ども論で語っているように、子ども時代とは歴史の中で、「労働からの猶予」によって作り出されたものだった。

いつの時代も子どもは発達途上にある未熟な生き物だが、発展途上の貧しい時代におとなは、子どもが労働の担い手になる日を待っていた。

ご存知のように日本で学制が発布されたのは明治五年で、当時文部省の役人たちは子どもが学校へ来るのを待っていた。しかし就学率は一向に上がらなかった。ちなみに明治九年の名目就学率は文部省統計によれば38％だった。これは学校に籍をおいた子どもの割合だから、実際に学校に来ていた子どもは、それをかなり下回っていたと推定される。現代の発展途上社会でも、もう少しこの率は高いのではないだろうか。明治九年といえばわずか百十年前のことにすぎないのだが、そこには想像もつかない子どもの暮らしがあった。

学制を発布しても一向に学校へ来ない子どもたちにしびれを切らした役人たちは、各地へ視察に出かけて、たくさんの報告書を書いている。その一つである第三学区（石川県、新潟県など）を明治九年に巡視した九鬼隆一[☆2]は、次のような主旨の報告者を書いている。

「年齢が七歳（数え年なので現在の五、六歳）にもなれば、父母が外に出ているとき、子どもは家できょうだいを背負って子守をし、草刈をし、牛や馬に餌をやり、親と山やたんぼに行ってその農業や山仕事の手伝いをし、家では草鞋を作ったり縄をなったり、また使いに走ったり、菓子を店頭で売ったり、または荷物を運んでいます」

これでは子どもが学校に来られるわけがない。貧しい時代に親たちは、子どもにわずか五、六年間しか労働までの猶予期間を与えなかったわけである。

子ども時代は、あっという間に終わったのだった。

しかし今、若者の多くは二十歳を過ぎるまで労働の猶予期間の中にある。むろん高校生でもアルバイトをする者は増えているが、それはかつてのように生活のためではなく、携帯の通話料やハンバーガーを食べたり、デートで使う費用など、自分の余暇の充実のために働いているにすぎない。

その意味では明治初期にたった五年だった子ども時代は、現在、大卒だったら二十二年にも延長され、実に四・四倍にも長くなったわけだ。高学歴化とはそうした人生を子どもに与えたのだった。

しかし子ども時代の延長を、こうした観点だけで見てしまっていいのだろうか。情報化時代はまた別の意味で子どもから子ども時代を奪ってしまったとする指摘が、今から三十年ほど前に、時代を見るに慧眼な評論家たちによってされたのだった。

子ども時代とは労働の執行猶予とともに、もう一つ、おとな社会の情報から隔離して作られていた「保護の時代」とする主張である。

子どもを形容する際に、「無垢」とか「汚れを知らない」の語が使われるのは、子どもがものを知らない「愛すべきおばかさん」だということだろう。子どもは世の中の仕組みをわかっていない。世の中の悪や不正を知らない。いちばんおとなが秘密にしておきたいセックスも無論である。「結局奴らは、なんにもわかっちゃいないのさ。半人前の使えない奴なのさ」。これがおとなの子ども観であり、それゆえにいたわりと優しさの眼差しが注がれたのだろう。長い間、子どもとおとなの区別は知識の有無で分けられてきたのだった。

ところで評論家たちが三十年前に驚異を感じたのは、テレビの出現だった。かつては、言葉がわかり、文字が読め、情報収集のために身体の移動ができるようにならないと、社会の情報は子どもの中に伝達されなかった。それがテレビの出現で、一歳児でも映像を通じて「社会」を把握できる時代になった。知識がおとなだけのものでなくなれば、子どもとおとなの境目はなくなってしまう。

さらにその後に、パソコンが出現した。一部の専門家のためのものだったパソコンは、まるでかつてのテレビ受像器のように、しだいに各家庭に入り込んでいる。初期には五インチのフロッピーを、何枚も何枚も差しては抜き差しては抜きして、やっと起動したパソコンが、今では小学生でも楽々とたち上げられる。幼児だってそうかもしれない。

もっともパソコンが文章作成や表計算だけの機能をもったマシーンだったら、子どもの成長に大した影響はないかもしれない。しかし、インターネットにアクセスするという使い道ができた。テレビにはお子様番組も用意されているが、インターネットの情報は完全におとなをターゲットとして作成されていて、それに子どもがやすやすとアクセスしてしまう。

今でも、発展途上社会、または貧しくて情報化がそれほど進んでいない国に行くと、かつての日本の子どもや若者を思い出させるような、素朴で、純真で、きらきらした表情の子どもや青年に出会う。最近ある会合の席上で、八十歳を過ぎたと思われる、日本の幼稚園経営の草分け的存在の老園長に出会って、「長い間幼児を見てこられて、最近の園児たちにどんなご感想をおもちですか」と伺った時のことだった。

彼女は頭をちょっとかしげて「そうですね、〈子どもたちのイキが悪くなった〉ことでしょうか」と言ったのだった。

きらきらした目の輝きは、まだろくに知識をもっていない者たちのあくなき好奇心、人生のなんたるかを知らないための、人生への期待や冒険心、自分が思えば何でもやり遂げられるだろうとの〈身のほど知らずの〉万能感から発したものではなかろうか。情報化の進行は日本の子どもたちの中の情報量をおとなに近づけ、まるで年寄りのように、人生を知りつくした倦怠の中にある子どもや若者を生み出した。最近の日本の子どもや若者の生彩を欠いた姿は、それを象徴しているのではなかろうか。

2 焦げたケーキの中を割ってみると

世界には日本の「困ったちゃん」どころではなく、ある部分で青少年がおとな化してしまった国もある。

銃社会の国アメリカでは、間欠泉のように高校生が高校で銃乱射事件を起こす。数年前に西海岸で起こった事件で、ある教育関係者の次のようなコメントが、ニューズウイークに掲載された。

「子どもはオーブンでゆっくり焼き上げるケーキのように成長すべきなのに、高温で短時間に作られることが多すぎる。外観は固いぐらいに焼けているいるが、中は全くの生焼けなのだ」

料理の経験のない読者のために多少の解説を加えるなら、料理は経験のある者にはアバウトでできる作業だが、ケーキ作りだけは、なぜか厳密な計量と温度調節が必要なのだ。

スポンジケーキを焼こうとしたら、厳密に粉と砂糖の目方をはかって、一六〇度の中温の天火で三十五分間、ゆっくり焼く。それ以上でも以下でもいけない。

もし今日は来客があるので、急いでケーキを焼きたいと思ったとしよう。いつもは一六〇度だから二〇〇度にすれば二十分で焼き上がるだろうか。高温の天火で二十分が経過し、のぞいてみると外側はきつね色を通り越してたぬき色である。まぁいいかと、取り出したケーキの半分にナイフを入れてみる。ところが外側は黒こげで石のように固く焼けているのに、中は全くの生焼けで、練ったままの小麦粉がどろどろの状態。時間を早めようとしても、出来上がったのは失敗作である。

この比喩の高温の天火とは過教育であり、焼き上がり時間とは子ども時代が終わって、ちゃんとしたおとな、または一人前の青年になるまでの時間をさしている。長くゆっくり経過する子ども時代は、無駄なようでも、スポンジが十分に膨らむには必要な時間なのである。

しかしアメリカの子どもたちは、早くから親の離婚などの家庭内のトラブルやセックス、犯罪、アルバイトなどの現実の中に投げ込まれ、おとなになることを急がされる。

この比喩はわが国にもしだいに当てはまりそうになってきている。アメリカに比べると、家庭は安定しているものの、過教育の度は遥かに大きい。通塾率の統計を見てもわかるように、「第一の学校」（小・中学校に加え高校もほぼ義務化状態）の後に、多くの子がその日のうちに塾という「第二の学校」に通う。さらに塾から帰った家庭でまた勉強をする。家庭という「第三の学校」までもが子どもを待ち受けている。

もっとも、最近では少子化の進行で、高校や大学が高望みしなければどこかには入学できる状況ができているが、しかし難関高校、難関大学は、どんなに少子化が進行してもやはり上位者の間で、激烈な競争が展開される点では変わりがない。

とにかく、この生焼けのケーキたちは外観は一応整っているものの、中がどろどろのタネ状態では、何が起こっても決しておかしくはない。キレる子、荒れる子、反抗する子、いじめる子、学校へ行かない子、ひきこもる子、拒食の子、援助交際（売春）する子などの「困ったちゃん」たちは、こうしたどろどろの芯をもつがゆえに、次々とおとなの手を焼かせる行動を起こすのである。

3節　かつてない変化の時代の中で生まれた「困ったちゃん」

1　ヒトになるのがむずかしい時代

最近の社会を形容する言葉といえば、耳にタコができるほどにくり返される「高度産業化、高度情報化、高学歴化、少子化」である。確かにわれわれおとなの生活は、近年、信じられないほどに変化してきている。もっとも、残念にもそれを実感できるのは六十歳以上の人々に違いない。とりわけ戦争中に子ども時代を体験した人でないと、身をもって実感はできないであろう。農村と都市との生活条件に格差があった時代に、戦火を逃れて田舎に移り住む「疎開」を体験した筆者の世代にとって、その変化は自分史の中にある。

信じられるだろうか？　子ども時代に疎開した宮城県のある農村で、筆者は釣瓶の井戸で水を汲まされ、薪の燃える土の竈で、鍔付きのお釜でご飯を炊かされた。戦争が終わって東京にもどってくれば、その頃人々は、家の中ではスリップにステテコがホーム・ウエアだった。ラジオから流れてくる「鐘の鳴る丘」のメロディーに、どの子も胸をわくわくさせていた。

その頃の親は本当に寝る間もないほど懸命に働いて、しかも働いても働いてもなお貧しく、家族は飢えと隣あわせで生活していたのだった。

おとなの暮らしは本当に変わったが、子どもの成長環境はさらに大きく変わった。おとなは成長も発達も終えた者たちだから、その生活レベルの上昇で害を受けることはない。弱りつつある身体には、生活は便利でありさえすればいい。クーラーも冷蔵庫も、床暖房もOK。家の庭に緑や土がなければ、ベランダの植木鉢でも緑の自然に思いを馳せることができる。小川や野原がなくても、テレビでそれを見ればいい。その意味では、生活環境が悪化しても、おとなは失われた生活の代替をテレビで得ることができる。

しかし、子どもはどうか。少子化は、子どもから きょうだいと仲間を奪ってしまった。家族は何世代にもわたる複雑な構成メンバーをもつ集団ではなくなった。

今でも発展途上の国々に行くと、これが人の住む場所といえるのかと信じがたいような光景に出会う。ドアも窓もない、いやかつてはあったに違いないが、壊れるか盗まれるかして何もない貧しい箱同然の建物があり、その中や周辺に人の姿だけが目につく。何をするということもなさそうな無為の人々。所在なさそうな人々の顔。そして子どもの群れる光景だけが光を放つ。

少しオーバーな表現かもしれないが、そこには半世紀前の日本の暮らしがある。物質的な貧しさの度合いは多少違いがあるものの、人の数だけはやたらに多く、集団の中に生み落とされた子どもたちは、さまざまな人の間で子どもらしさを発揮しながら育っている。

生まれたばかりの赤ん坊は、非常に大きな可塑性、成長可能性をもっている。やがてヒトになるのか、「ヒト以外のもの」になってしまうのかは、その成長環境で決まってくる。おとなはそうではない。出来上がってしまったおとなは、アスファルトジャングルで過ごそうが、フィリピンのスラムで過ごそうが、蒙古の大草原で過ごそうが、それによってダメージを受けるわけではない。しかし、赤ん坊はどこに生まれ落ち、どこで成長するか、その文化に大きく影響された人間形成を余儀なくさせられる。ニューヨークで育った子はタガログ語を話さないし、スラムで育った子は生涯にわたって、字を読めないで過ごすかもしれない。

この比喩は少しオーバーかもしれない。しかし、いまテレビやパソコン、携帯電話やその他あらゆるモノやマシーンに埋もれて育つ子どもは、ある意味でスラムで育つ子どもよりも、成長の過程で大きなダメージを受ける可能性がある。彼らはヒトでありながらヒト親和性をもたず、モノ親和性を身につけて成長する。ヒトよりモノ、マシーンに近いものになっていくかのような状況がそこにある。

2 虐待する親たちの出現

小さいものたちは、動物であれ人間であれ、無力で援助を必要とする存在であり、それ以上に「かわいらしい存在」だとする感情がだれの中にも沸く。しかしその感情を失ってきている子どもやおとなが出てきている。

小さい子が蟻や蝶を恐がったり、犬や猫を恐れたりする。学生は夏に山の家にいくと、カメ虫や蛾やコオロギに顔色を変える。その昔、子どもを夢中にした小さい仲間たちは、いまは不気味な怪物となってしまっている。小さくても動くもの。それだけで不気味なのであろう。

おとなも同様だ。育児放棄をする母親が増えていると聞くが、最近では女性誌の紙面で「私は子どもが嫌い」と広言してはばからない母親たちの記事を読むことがある。「まぁ、ちょっとカッコつけて言ってるのね」とか、「女性で〈子どもが嫌い〉なんて言えば、昔は確実に袋叩きにあったのに、今はそれを言うことが許される時代になったから、イキがって言ってみてるだけ」と評する人も多い。

でも蟻や蝶は自分とは違う異形のものだから、生まれたときから自然とともに暮らさなければ共感ができない、愛着がもてないのは仕方がないかもしれない。しかし、赤ん坊や子どもは、つい先頃まで自分そのものだったではないか。異形の者ではないはずなのだ。

最近、しばしばマスコミをにぎわす実母による虐待のケースに、生き物としての患者を見ている医者たちは、「正直に言うと、そうした母親の心理が理解できない」と言う。

幼少期に自分は親に虐待されたから、わが子だけが愛情を注がれて幸せになるのは許せない（本当はもう少し丁寧に説明が必要なのだが）とか、内夫の愛情をつなぎ止めるためとか、子どもが自分になつかなかったから母親としての価値を否定されたからとか、自己犠牲を要求されすぎたからとか、ケースごとに何となくわかったような説明がされる。しかし、どれ一つとして、心底その説明で納得ができるものではない気がする。いろいろ状況はあっても、幼き者は無条件に「愛しきもの」ではないのだろうか。

しかし、しかしこれは大きな家族集団の中に生まれ育ち、近隣に仲間がひしめき合っていて、ヒトであれば大抵のヒトが、ヒト親和性をそなえる育ちをしていた時代の者たちの錯覚なのかもしれない。

臨床のケースの中には、恐ろしい現実がある。結婚して「子どもがほしい」という夫に同意できなくて来談したある妻が自分の心情をこう訴えた。〈 〉内はカウンセラーの発言。

私は家事を完璧にやってます。温かいご飯、気持ちのいいベッド、花瓶一杯の花、清潔な床。夫は子どもがほしいと言いますが、結婚と子育てが結びつかないんです。いわば「泣きわめく生き物」「未知なるもの」じゃないですか、彼らは。

〈彼ら? でも乳飲み子はかわいいものじゃないでしょうか?〉

私はとても恐ろしいもののように感じてます、子どもというものを。子どもはおっかない。あれを抱えて……責任を負うわけじゃないですか。自分だけ何とか生活しなさいって言われたら、なんとかできるけど……その、生活能力のない人間までどうにかしなさいって言われたら、それはできないです。

たとえば、夫が帰ってくるまで、私と、子どもだけじゃないですか。どうするんですか、そのあいだ。あの「生き物」がいて……ご飯も勝手に食べられないようなのがいて……トイレにひとりで行けないって、どういうこと?……非常に「困った生き物」ですよね。

〈生き物ですか。うーん。確かに、食べなきゃ食べないで困るし……食べさせれば、ほんとうに止めどもなく食べるし。いつも気を抜かずに調節してやらなくちゃならない〉

困ったものですよね……子どもはたいへんな生き物。だって先生、子どもがおなかにできたら、お母さんのカルシウムとか盗るから、骨とかもろくなるんですよ。虫歯ができるって言いますよね。お肌のつやとかも悪くなったりするんです。たいへんなことじゃないですか。

〈人ひとり作るんですから、たいへんな作業ですよね〉

そんなことをしたら、私が蝕まれてしまう……。

〈どのお母さんも、子どもを産むときは、少しずつ蝕まれるんでしょうね〉

なんか、自分の体が蝕まれることを考えたら、やっぱり恐ろしくて、どうするんだろう、そんなことになったら。しかも、それと同時に母親になったら、社会人の自分じゃなくて、家庭人の自分100％になるわけじゃないですか。まぁ、母親になった人っていうのは、だれしもがそういう思いを抱くんでしょうけれども、自分が無くなることには耐えられない。

考えてみると、動物でも鳥でも虫でも、小さなものには小さいがゆえに可愛らしくて気持ちが惹きつけられるという〈心〉は、なぜわれわれの中にあるのだろうか。いつ、なぜ、それは当然のようにわれわれの中に住みついたのだろうか。答えはひどくむずかしそうである。その回答が見つからない以上、どうしたらこの女性に〈柔らかい心〉を備えさせることができるのか、カウンセラーは途方にくれる。彼女の成長環境の中に、ヒト親和性を育てることができなかった〈何か〉があったのだろうか。

この女性の感じ方は、ケースの中で見る数少ない例かもしれない。しかし、この心の状態が、多かれ少なかれモノと情報の中で育った子どもたちのゆく末に待っていないと言い切れるだろうか。

最近の精神医学では、「自己愛人間」というパーソナリティに関心が寄せられている。自分しか愛せない人間、他人を育てるという多少とも自己犠牲を伴う行為には「自分が蝕まれる」感覚をもってしまう人々が、しだいに増えてきたのは事実のようである。

人口はしだいに増加しているが、それは単に高齢化が進んだだけ、われわれが長く生きられるようになったというだけで、子どもの成長環境の中には、ヒトの姿が確実に減っている。子どもをヒトの間で成長させるにはどうしたらいいか。今の社会のように、子どもがモノと情報の間で育ってしまう育ちを、どうすればいいか。この問題を解決することはひどくむずかしいことのように思われる。

2章　子どもはどう変わったか

「困ったちゃん」が次々と引き起こす問題行動に、おとなたちは手を焼いている。大きな社会的変化の中で育ってきている最近の子どもたちは、いったいどこでその成長の姿を変えてしまったのだろうか。いやその前に、もう少しこの「困ったちゃん」の姿を明らかにしてみよう。先の章で老園長がいみじくも言った、「子どものイキが悪くなった」との観察を掘り下げるとどうなるのだろうか。

この章では、そうした子どもの成長の姿の変化を、初めに小学校の養護教諭の観察を通して、次いで中学生の継年調査のデータから見ていくことにする。

1節　養護教諭の感じている最近の子どもの姿

しばらく前から社会学では、エスノメソドロジーなる手法に関心を寄せる研究者が出てきている。

観察によるケース研究の一種で、これまでの大量調査によるデータ収拾とは対極にある手法である。ここではまず、養護教諭の目を通して子ども像を描き出そうとしているわけだが、大きく言えばエスノグラフィックな手法による調査に属するものと言えるだろう。

養護教諭は、いま保健室を訪れる子どもを通して、子どもの身体だけでなく子どもの心の状態をいちばんよく知っている人々である。二年ほど前に全国の小学校の養護教諭に、10分の1のランダム・サンプリングをして集めた資料がある。二千五百校に質問紙を送って五百余人から返送された回答を整理して、以下で「最近の子どもを見ていて感じること」[☆1]の部分への書き込みを抜き書きしてみた。養護教諭は最近の子どもたちにどんな問題を感じているのだろうか。

1昔に比べて幼稚化している

○まるで幼児のように行動する

・1年生の実態が、年々悪くなっている。幼稚化していると教員全体が嘆いている。

・今年の1年生では、学校に来てから保健室で「お母さんに会いたい、帰りたい」と大泣きする児童が二〜三人いた。まるで幼稚園の入園式で、今まではなかったことだ。

・話ができず、相手に自分の意思を伝える時に、相手の手や服をひっぱってから、話し始める子が目立つ。

○自分の身体の状態を言葉で説明できない

・単語で話をする。保健室へ来て「先生、手」「頭」と言ったり見せて、それ以上をしゃべらない。言いたいことやしてもらいたいことを、しゃべれない。
・保健室に来ても、自分の言いたいことが伝えられないので、こちらが誘導して状況を把握しなければならない。頭が痛い、お腹が痛いと、簡単なことが伝えられない。「どうしたの？」と尋ねると首をかしげる。
・どんなふうに体調が悪いのかが言えなくて、ただ泣くだけの子が多い。
・自分のケガを、どこをどうしてケガしたかなどと説明ができない。こちらから聞かないと答えられない。

◯ちょっとしたケガや病気でも、手当てをしてもらわないと気がすまない
・ちょっとのケガで大泣きしたり、痛みに弱い。すぐ湿布を貼りたがったり、薬やカットバンをほしがる。
・ほんの少しのすり傷程度でも、がまんできない。
・たとえば、鼻出血とか、すり傷などの出血に対して、自分で何もしようとしない。だれかにしてもらうのをじっと待っている。
・ちょっとしたすり傷等でも、カットバンを貼るなどしないと気がすまない。
・自分でケガの処置ができない。小さな傷でも保健室に来るが、もう少し自分でなんとかしようとする力がない。少しのケガなら、洗って放っておくとかが、できない。

◯母を求めるような甘えとスキンシップ
・手が痛い、足が痛い、ここが切れている、などと言って、何でもないようなところを見せて、私の関

心を引こうとする。本当はどうもなっていないのに、痛い所を捜し出してまで保健室に来る子が多すぎる。教室だと教師対集団なので、自分ひとりに声をかけてもらいたいんだと思う。子どもは、どこか心が満たされていないんだと思う。

・お腹や頭や気持ちが悪いなどと言って、年中保健室に来る子もいる。一週間に三、四回も来る。私が話したり、聞いてやったり、または少し休ませたりすると、元気に一日勉強する。このような子が一学年に五、六人、多い学年では十人前後いる。ここ六、七年くらいから始まっていると思う。

・高学年でも幼い。やたらに甘えてくる子が多い。教室でも家でもほっとするところがないのか、保健室でよく暴れまわる。

・親のように「いつも自分の方に目を向けて欲しい」とする傾向をあらゆる場面で感じます。

・聞いて欲しい、自分のことを見て欲しい、と自分のことばかり言って甘えたがる子が多い。

・親から「大好きだよ」って言われたことが、ほとんどないらしい子がいて気になる。昔の親も言わなかったとは思うけれど、子どもなりに親の愛情は感じていたのではないか。こちらの「大好きだよ」の一言で元気を取りもどす子が、とても多いことに、最近気がついた。

・保健室に来て、養護教諭が他の子どもの世話をしていると、すねる子がいる。

・週に何日も習い事が入っていて、とてもしんどそうにしている子が増えている。「先生、毎日しんどい。ちょっとだけぎゅーって抱きしめてて」と訴えてきた女の子のことが、すごく心に残っています。

・甘えたい子がいっぱい。スキンシップされると、すごく喜ぶ子が多い。5年生の男子でもハグしてあげると喜ぶ。

2 疲れた子・気力のない子が増加している

○表情に乏しい、目を合わせない子が気になる

・目の表情が乏しい。
・話していても、こちらの目を見て話さない子が増えている。
・何かつまんなさそう。

○疲れている

・登校した時から、もう疲れている様子の子がいる。
・朝からだるそうにしている子が目につく。
・身体を動かすことを嫌がり、天気がいい日でも室内でなんとなく過ごしている。
・ボーッとしていることを好む子もいる。「何もしないでいたい」と言う。
・子どもが朝からボーッとしているとは、ずいぶん前から言われてきたが、その状態がさらに重症になってきたのではないか。
・体温が三十五度台の児童が多い。児童の低体温は、昔は地域差があったと思うが、現在はどこの子もそう感じる。
・睡眠不足の子が気になる。低学年も、高学年も。午前中でさえ、保健室でぐっすり寝て、すっきりした顔で教室にもどっていく。

○食事に関心が薄い

・食事への意欲がない。
・食事をあまり重要と思っていない。

・食の細い子が増えてきた。しっかり食べられないし、嫌いなものでも食べよう、食べられるようになろうとする努力をまったくしない。

○面倒くさいこと、しんどいことはやらない

・面倒くさいことは、やりたがらない。

・あきらめるのが、早い。少しでも何かにつまずくと「もういいよ」「面倒くさい」「かったるい」で済ませてしまう傾向が強い。もう少しがんばればと思って声をかけると、「なに熱くなってんの?」なんて、かわされちゃったりする。

・嫌なことやたいへんなことに逃げ腰で、たとえば、マラソン大会など、急に具合が悪くなったと言って参加しない子が増えている。

○指示待ちっ子、依存的で、自信がない子が増えている

・自己主張はできるが、状況判断ができない子が増えた。

・自分は何をしたいのか、どうすればいいのかわからず、周りのおとなに言われて行動する子が多い。

・言われたことしかできない子が増えている。

・自分のことなのに、他人に状況を伝えられない。「教室に行ける?」と聞いても「わからない」と言い、判断を他人任せにする。あいさつできない。低学年は、こちらから「おはよう」と言っても無視する。どうしてよいかわからない様子である。

・落とし物が多い。しかもほとんどの子が自分の持ち物がわかっていないので、落としたことすらわからない。したがって、取りに来る子がいない。

・マニュアル通りにしか動けない子が多い。

○体力が低下している

・肌の色、つやが悪い。爪が薄くて、すぐにはがれる。

・少しのことでも「身体がしんどい」「ここが痛い」と訴える。甘えもあるのかもしれないが、身体そのものが弱くなっているように思う。

・身体が弱くなっているのか、ちょっとしたことで大ケガしたり、または病気が長引く。

・小学生でも、肩がこる、腰が痛い、と言う。

・まとまった陸上競技の練習をすると、筋肉痛を起こす児童が多い。

・すぐ「疲れた」と言う。遠足などでも、歩くことが苦手な子が多い。

3 内面の不安定さが目立つ

○すぐ泣く

・困った場面に遭遇すると、すぐ泣く。

・ちょっとしたことでも、すぐメソメソしてしまう（がまんできない）。

・低学年では、すぐ大きな声で、駄々っ子のように泣く子がいる。

○精神的不安定さと過敏性が気になる

・被害者意識が強い。

・すぐふてくされる。

・自分の思い通りにならないと、すぐすねる。
・感情の揺れが非常に大きい。
・ストレスを感じている子が多いように思う。そのストレスの解消の仕方が残酷になってきている。

○攻撃性がコントロールできない
・自分の言うこと、思うことが通らない場合、言葉で伝えようとせず、乱暴な行動や態度に出る。
・カッとなると、自分で自分をコントロールできなくなる。
・すぐカッとなって相手を殴ったり、蹴ったり、口より先に手や足が出てしまう子どもたち、自分の感情を抑制できない子が増えてきている。

○友だちに、冷たい言葉を平気で言う
・人をあざ笑う。他人の痛みに鈍感である。
・他の子の痛みがわからない。平気で人の顔を蹴ったり、腹部を蹴ったりする。言葉も人を傷つける言葉や、いやな言葉をよく使う。
・（TVゲームの影響か）「死ね」「殺してやる」と平気で言ったり、動作で威嚇する（その真似をする）。
・自分勝手、乱暴、自分を抑えられないなど、とくに男子の幼稚化が気になる。人のことを、「死ね！」などと口ぎたなくののしる。
・一生懸命、真面目に取り組んでいる友だちを「何、一生懸命しとんや！」とけなし、馬鹿にする。私はこれには一番腹が立ちます。
・人の気持ちを大切にしない。飼育しているものを大切にしない。

4　関係性に不具合がある

○親に対して遠慮し、親を怖がる。

・親をとても気にしている。怖がっている。心配や迷惑をかけてはいけないと思っている。
・親に甘えられない子どもがいます。
・親が来ると興奮する子がいる。
・自分の悪いことは親に言わずに、親には嘘のことを告げる。
・親が忙しいと思っているのか、親に言うことを学校で先生に言うことが多い。「ゆうべ眠れなかった。朝、吐いた」など。
・親に心配をかけないようにしていて、自分のことをはっきり伝えられない（学校であったことや、注意されたことなど）。
・母親が怖いという子が増えてきた。親の前で子どもはありのままでいられない。
・家の中でいい子にしていて、学校など外で発散している子どもが多い。

○教師との距離が調節できない

〈けじめがない〉

・教師に対して子どもは、友人的な関係を望んでいるように思う。
・おとなを自分と同等と思っている。保護者は自分の言いなり、先生も同じだと思っているかのようである。
・おとなへの尊敬や感謝の気持ちが薄い。
・会話が単語調。また、手当てしてもお礼が言えない。やってもらって当たり前、といった風。

・他人への評価が厳しい。指導力のない教師はすぐ見抜いて、反抗する。

〈素直でない〉

・注意されても、素直に聞けない。

・「むかつく」「なんでしないといけないの」「いや」「やりたくない」「ほっといて」などの口ごたえが多く、やりにくい。

・鉛筆や箸などの注意をすると「私のことだから関係ないやろ。ほっといて」と口ごたえされる。注意しても、素直に「はい」と言う事が少ない。

・注意されたことに腹を立てる。

・落ち着きがなく、集中力に欠けてきている。教師の話を聞こうとする気持ちが薄く、おしゃべり、いたずら、立ち歩きが目立つ。

○友人との関係の不具合

〈無関心〉

・他人に関心が少ない。

・自分に関係すること以外は、知らぬ存ぜぬ。

・他の子どもに積極的に関わらない、知らん顔をしている。他人が困っていても、気がつかない。

・一人に一つのことを注意しても、周りの子どもは、自分のことではないからと聞く耳をもたない。注意されていることを、またすぐ同じようにしてしまう。そのために、同じことを子ども一人ずつに注意しなくてはならない。

・自分の枠の中に入ってしまって、他の友人との接触をしない子が増えた。

・人は人、自分は自分と妙に冷めている子がいるのも不安である。
・友だちと関係が作れず、保健室に一人で遊びに来る子がいる。
・友人のいない子も多い。
・おとなの中にいる方が、子ども集団の中にいるより居心地よく、クラスの仲間となかなかうまくいかない子どもがいる。

〈過敏さと鈍感さ〉
・悪いことを友だちがしても、注意しない。注意すると自分がいじめられるという様子がある。
・周りの人(親、友だちなど)に気を遣って疲れている。
・友だち関係に過敏な子が多い。すぐグループを作って、他を排除する。一人一人が自分自身に自信がなく、いつもだれかとつるんでいる子が多い。
・自分に対する他人の目を気にしすぎる。
・思春期に見られる悩みを小学5、6年で持つ子どもがいる。おとなの心に敏感な子が多い。
・掃除の仕方が下手。ゴミが落ちていても気にならない。
・衛生観念のオーバーな子は、異様な感じがするくらい汚れを気にしている。そうでない子は、ハンカチを持ってこないし、不潔さへの感覚がない。
・消毒を嫌がり、砂、ドロの上からカットバンをつけたがる。

5相手によって、態度の使い分けがじょうず
・おとなの目を気にして、じょうずにふるまう子が多くなってきた。
・相手に「気をつかう」ことすらわからず、「迷惑が何か」もわからない子が増えている。

・教師に見せる姿と、子ども同士の姿は違う。子ども同士でも、その時は仲良く装っているが、裏へ回ると、平気で今まで遊んでいた子の悪口を言う。
・おとなの前でいい子ぶりっ子が増えてきて、なかなか自分を出さない。
・親にみせる顔、担任教師に見せる顔、担任以外の教師に見せる顔、友だちに見せる顔とうまく使い分けている。
・人間関係の距離のとり方がメチャクチャで、親に遠慮をしたり、気に入られるよう良い子を演じたり。反対に、教師や周りの友人に、ダダッ子のようなわがままを言って愛情を確かめたり、叩いて気を晴らしたり。集団生活をさせるのが、むずかしい状態の子が増加している。

6社会性、集団性がない

○コミュニケーションが下手
・声を出さない（返事も含めて）。
・コミュニケーションの取り方が下手で、ケンカしても「ごめんね」と言えない。
・塾やおけいこ、スポーツクラブに参加している子が多く、管理されたグループに属し、おとなに教わることに慣れてしまっている。そのため、子ども同士で教えたり、教わったりできないでいる。
・友だちとトラブルを起こすと、自分で仲直りをしたり、その後の関係をつなぐことができない。

○集団行動がとれない
・人の話を聞く態度が悪く、一方的にしゃべりたいことをしゃべるだけのような子が目立つ。
・自分をやたらにアピールしたがる。

・自分中心的で、仲間と一緒に何かをやるのがとても苦手。
・集団行動がとれず、教室の中におれずに廊下や運動場に授業中、ふらっと出て行く子が、年々増えている。マイペースで先生の言うことが聞けない子が増えている。

○自己チュウ
・やりたくないこと、苦手なことがあると、「やりたくないから、やらないんです」「嫌だからです」と言う。
・依存心や権利などは強く主張するが、自分のしなければならないことには目を背ける。
・ごっこ遊びができない。とくに鬼ごっこの鬼になれない。
・気の向くままで、人への迷惑を考えられない。世の中は自分のために回っているという思い。
・気に食わないことがあると、授業中でも教室を出てしまう。
・いじめ的な行動をしていても、本人は気づいていない。

○悪いのはすべて他人
・友人と遊んでいてケガをした時、相手がわざとでなくても「叩かれた、蹴られた」と言う子が増えてきた。また、友人にケガをさせた時「わざとじゃない」と知らん顔する子が増えた。
・自分が言わず、だれかに言わせてすませる。
・すぐに他人のせいにして「僕は関係ない」と逃げる。
・自分の悪い面は言わず、すぐ「○○さんが」と相手の悪口を言う。

○無責任

・委員会の当番活動など、地味な仕事ができない子が増えた。朝、「石鹸の点検を放課後にしてね」と頼んでも、点検しないで知らん顔しているような子がいる。指導をしても「暖簾に腕押し」のような感じで困っている。

・一つのことを完全にやり遂げる根気がなくなってきている。また、最後までやり遂げたり、責任を持つことが苦手な子が多い。

・一人では動けない、言えない、自信がないが、集団なら何も怖いものはない。

○けじめがない

・保健室のものを自分のもののように使う。

・机を開け、物を出して使う。メモに使う。シールを勝手に出し、何かに貼る。

7その他

○生活者としての自立性の低下

・掃除の苦手な子が多い。ほうきなど使えない。ゴミを集めないで、かえって散らかしている。ぞうきんがきちんと絞れない。水汲み、水捨てなど嫌なことは人に押しつける。

・扉をきちんと閉めない（男女に限らず90％）。

・気候に合った衣服調節が、自分でできない。

・野菜を全く食べない子が増えている。

○容姿に関心を持ち過ぎる

・とくに女の子。痩せる、キレイになることに意識の過剰な子が多い。
・髪や爪など、身をかまいすぎる。

（モノグラフ・小学生ナウVOL・20-3「心のケアワーカーとしての養護教諭」☆1より作成）

最近の保健室は、「学校の母親」を求めて集まって来るかのような子どもたちであふれていると聞く。そうした子どもたちを迎え入れて、学級に居場所のない子がせめて保健室を「心の居場所」にできるようにすることを、自分の仕事の大事な一部と考えようとしている養護教諭が出てきている。そこでは学級とはまた違った、子どもの心に馴染む風土が作り出されているかのようである。しかしむろん、「学級も保健室も、同じ学校の中の場であり、養護教諭がカウンセラーの役割をとるのは本来の役割に反する。養護教諭も教諭（教える人）としての「けじめ」を大事にしなければならない」と考える教諭や担任もいる。そうした養護教諭の経営する保健室は、ケガ人や病人が出ない限り、ふだんは施錠されていて、人の姿がない場合もある。

しかし年輩の人の中には小学生時代、昔の小使室（用務員室、主事室）に出入りしたときの心の安らぎを懐かしく思い出す人もいるのではなかろうか。学校の中には、それぞれの子どもの心にフィットするさまざまな空間があっていい。校長室に親しげな表情で入ってくる子もいるように。

そうした子どもを受け入れ、身体だけでなく、子どもの心のケアに携わろうとしている養護教諭が語った「最近の子どもの気になる姿」には、諸処に納得させられるものがある。

発達的に幼稚な段階にとどまったままであるかのような子どもたち。疲れて気力がなく、内部を見ると、精神的に不安定になっている子どもたち。外側の部分を見ると、人間関係では親や教師、友だちとの個人的関係がうまく作れないだけでなく、大きな集団の中でも安定できず、社会的な行動がうまく果たせない子どもたち。

そうした子どもはなぜ作られたのだろうか。今後、子どもの成長に関心をもつおとなたちは、子どもをどう支援していけばいいのだろうか。

2節　冷えた世界に住む子どもたち

閑話休題。

長い間、子どもといえば天真爛漫で、汚れがなく、ちょっぴり毒のある口もきくが、根はお人好しの愛すべき者たちだと思われていた。横山隆一の「フクちゃん」に始まるマンガの作者は、そうした子どもの世界を豊かに描き出し、おとなが忘れかけていた子ども時代の記憶を甘く切なく伝える役割を果たしてくれた。しかし、最近の「ちびまる子ちゃん」のアニメで、まる子ちゃんのたびたびのイジケぶりをみていると、子どもの世界も決してバラ色ではなく、ストレスも多いし、小さな敵もたくさんいて、人間関係にも苦労しながら暮らしているらしいと思ったりする。

しかし、さくらももこの描く「子ども世界」は、恐らく昭和五十年の頃の作者の原体験であろうから、それから三十年近くを経た今、子ども世界はいっそうストレスフルになってきているに違いない。そうした子どもの世界をかいま見てみよう。次の資料は質問紙の形で行った自由記述欄の回答である。

調査は平成十一年に東京の小学校4年から6年までの子ども約二百人に行われた。今、子どもの住む世界が、かつての暖かさや穏やかさを失ってしまったことを感じる。子どもたちよ、イジケずに心荒い者たちを跳ね返せ！

「休み時間に友だちから言われて、いちばん嫌だった言葉は？」

〈男子の部〉

・「死ね！」小4♂
・「消えな」小4♂　小6♂
・「あっちいけ。ふざけんなクソジジイ」小4♂
・「ジャマ！」小6♂
・「もう遊ばないから」「入れないよ」小4♂
・「おまえ来んな」小5♂
・「うるせーよ」小4♂
・「黙れ」小4♂

相手を拒否する言葉、排除する言葉がまかり通る。言う方の心も冷えているのだろうが、子どもの世界はしんしんと冷えている。それでも毎朝、元気に学校に来ている子どもたちはなんと健気かと思う。

・「〇〇（名前）死亡」小4♂

昭和六十一年二月。仲間に「葬式ごっこ」をされた中野富士見中学の鹿川裕史君の自殺があった。

・「ゴリラ」小5♂　小6♂
・「サル」小4♂　小6♂
・「バカ」「アホ」「ドジ」小4♂
・「お前バカじゃないの」小6♂
・「デブ」小5♂　小6♂
・「チビ」小6♂
・「ハゲ」小5♂　小6♂
・「メガネ」小6♂
・「アトピー星人」小4♂

相手の身体のことを言うのは禁句のはずで、担任も日頃そう言いきかせているのだろうが、子どもであってもこれだけは容赦せず、徹底的に厳しく指導できないものか。

・「はなくそ」小5♂
・「イモ」小6♂
・「きゅうり」小6♂

昔は「おたんこナス」と言ったものだが、どんな意味だったのだろう。そう言われるとアカンベーをして跳ね返したような気がする。今の子どもにその強さはあるのだろうか。

・「くさい」小5♂

清潔さに過度に敏感な最近の子どもたちには、悪口の中でこれがいちばん傷つく言葉だと言われる。「それだけは言っちゃいけない」と厳しく指導している担任も多いと聞くが、そうした担任の指導が徹底するようなら「いじめ」もなくなるはずである。悪口にはパンチの利く言葉が使われる。防いでも防ぎ切れないものだとしたら、言われる側が強くなる以外に道はないのかもしれない。

・「ダセェ」小5♂
・「変態」小5♂
・「ビンボウニン」小5♂
悪達者になった子どもの姿がある。

・「ガリ勉」小6♂
昔も陰では「あの子ガリ勉」と言ったものだが、今は面と向かって何でも言えるのかもしれない。こういう時子どもは何と言い返すのか。「ガリ勉で悪いか」「なんだ劣等生（これは子ども語ではなさそうだが）」とか、それともちびまる子ちゃんのように内心でイジケるだけなのだろうか。子どもたち、人生で悪意に遭遇したときには、バッチリお返しをしてやるんだよ。

・「べんしょう」小4♂
人のものを壊した時だろうが、嫌な言い方だ。腹を立てて怒鳴ってくれた方が救いがある。
・クラスでソフトボールをやったとき、だれかに「ザコ」と言われた　小5♂
・「裏切ったな」小6♂

・「弱い」小5♂

男の子は「弱い」と言われるのがいちばん屈辱的なんだね。強くなろうよ。

〈女子の部〉

・「クソババア」小4♀

・「悪魔」「鬼婆」小4♀

・「不良女」小4♀

・「ゴジラ」小6♀

・「おばさん」小6♀

・「天然ぼけ」小6♀

女子の方が男子より言語能力があり、過激な悪口を言っているのかもしれない。

・「キライ」小4♀

・「こっちにこないで」小5♀

・「バーカ」「バカじゃないの」「お前バカ?」小4♀

・「バカ」「お前バカか」「お前はバカか。ちゃんと考えろよ(とぶたれた)」小5♀

男女平等なら、女子にいたわりをもつ必要はないのだろうか。

・「痩せ過ぎ」小6♀

・「ガリ勉くん」小6♀

男の子から言われると、女の子にはとりわけキツイ言葉なんだよね。

・「だせぇ」小4♀
・「キモい」小4♀
・「ムカツク」小5♀　小6♀

かつての子どもにはなかった表現だが、こうした言葉を吐く子の心の荒れが悲しい。

・「ストーカー」小4♀

グループに入ろうと焦っている子を追い払おうとしている集団の悪質さが見えてくる。

・「○○のせい」小4♀
・「もっと大きな声出せよ」小4♀
・「なんでいつもイヤな香りするの」小4♀
・「意味わからない」小5♀
・「はぁ?」小4♀

バカにされることの辛さ。でもそれなら、せめてもっとストレートに言ってほしい。

・「教える筋合いはないよ」小5♀
・「結構ひどい人なんだね」小4♀
・「キミって、自分では面白いことをやってるつもりだろうけど、面白くないよ」小6♀

・「どうせキミ嫌いだし」小6♀
イヤミの部類。子どもの表現が率直でなくなったことを感じる。小さいが、すでに悪いおとなと化してしまった子どもたち。

3節　中学生調査から

子どもと子どもの住む世界が変貌を遂げつつある気配を自由記述の中から拾い上げる作業をしてきたが、こうしたデータは時に観察者の先入観に影響されたり、狭い世界での個人的で主観的な体験による結果であって、客観性を欠くと指摘する人もいるかもしれない。

そうした批判に対しては、歳月をおいて、二度同じ質問票を使って調査したデータがあれば、子どもの変化を計量的に描き出すこともできる。

しかし残念ながら日本では、時系列を追った調査がこれまでほとんどされてこなかった。少なくとも子ども調査の領域ではそうだった。これからは、こうした方法を手がけるプロジェクトもでてくるであろうが。

次に引用するデータは☆2、そうした意味では極めて貴重なものと言えるだろう。一九八三（昭和五十八）年と十二年後の一九九五（平成七）年に、ほぼ同じ関東地方で行われた中学生調査の結果である。まったく同じ調査項目が使われているため、数字が時代の変化を明らかにする。この調査データの中から、十二年間の子どもの変化を探ってみよう。先の養護教諭の自由記述とは対象年齢が違うものの、本当に子ども像が変化したのなら、共通な傾向が描き出されるはずである。以下、中学生の心理と行動について、時系列を追った数字をみていく。

1　心の通い合いが低下した

心の絆が結びにくくなったという感想は、最近多くの人がもっている。先の養護教諭の意見の中にも、身近な人との関係の作り方が下手になったとか、友だちに平気で冷たい言葉を投げつける、人に対してやたらに過敏だったり逆に鈍感だったりなど、人への共感性を低下させ、人への信頼感を失っているかのような指摘があった。

「アンケート調査は、浅いレベルのデータしか得られない」と研究者でも敬遠する人がいるが、限界はむろんあるものの、項目づくりに成功すれば極めて示唆的な、しかも大量調査に裏付けされた客観的なデータが得られる。

ただし、人と人との心の絆は目に見えるわけではなく、人の心の中にあるものだから、それを質問紙にのせるのは一段とむずかしい作業である。それを試みた項目と結果である表2－1をみよう。

ここでは心の絆を次のような質問をして測ろうとしている。

「もし次の人々が病気で入院したとしたら、あなたはお見舞いに行きますか」

これに、どのくらい熱心に「見舞いに行く」と答えたか、その度合いで心の絆の太さを見ようとしている。もしこれらの人々を「自分にとって大事な存在」と思っていれば、その人の入院は一大事であり、実際に行くかどうかは別としても、アンケート上では「きっと見舞いに行く」と答えるのではないか。

表２－１の数字は五段階の選択肢のうちで、「きっと行く」と強い意志を示した子の割合である。一九八三年と一九九五年の調査結果を左右に並べた。左右を比較すると、部活の友だちを除いて、十二年間に数字はみな減少している。仲良しの友人に対して「きっと見舞いに行く」とした子は一九八三年には67％だったが、十二年後には59・８％に減っている。また仲良しの友人以外は数字が低いのも気になる。たとえば担任が入院したとしたら、それは結構一大事ではないかと思うのだが、十二年前でも15・９％と、六人に一人、一九九五年では十人に一人しかいない。人の不幸に冷たいなぁという感想と、おとなはこんなにも距離の遠い相手なのかという感想が出てくる。

友だちの間もそうで、「クラスの仲良しの友だち」には一九九五年でも６割が「きっと行く」と答えているが、同じ友だちでも「部活の友だち」の場合は半分になり、同じクラスでも「ふつうの友だち」となると１割を切ってしまう。とくに仲良しでなくとも、同じクラスの子は生活をともにする「仲間」じゃないかと思うのだが、数字の差から見ると、そうではないらしい。ごく親しい相手以外には心を開かない。心の絆の本数と太さの低下は養護教諭のデータで見たとおりのようである。

●表2-1　次の人が入院したら，見舞いに行きますか

	1983年		1995年
同じクラスの仲良し	67.0	＞	59.8
部活の友だち	31.9		32.1
同じクラスのふつうの友だち	19.4	＞	9.5
担任	15.9	＞	9.6
校長	5.0	＞	1.7

5段階で「きっと行く」とした％

2　対立のない親子関係

少し角度を変えて親子関係を見てみよう。

中学生は発達段階のうえでは思春期から青年前期に入っていく時期で、青年期特有の「親への反抗と対立」が一つの特徴であろう。この時期の親子関係は一時的にせよ悪化するが、それは彼らが親から自立していく過程でもある。この点を、

「あなたは親とうまくやっていますか」

の質問で探ろうとしている。

しかし表２－２が示すように十二年間にわずかではあるが「うまくいっている割合」が増えている。発達段階を勘案しなければ親子関係がうまくいくのはいいことなのだが、この発達段階の課題は、いかに親に反抗し親から自立するかであり、友だちのような親子関係は人格形成の過程では決して望ましいことではない。

若者が怒らなくなったことと同様に、親にも表だった反抗を見せなくなり、そうしたことが後になっての不安定で脆弱な自我を生みだす原因となっているのかもしれないのである。

3　親にはかなわない、親を追い越せない

表２－２と関連したデータをもう一つ見てみよう。中学生は、親は自分からみて「たやすく超えられる存在」なのか、それとも巨大空母のように前方にたちはだかって、超えら

●表2-2　あなたは親とうまくいっていますか

	1983年		1995年
父親	46.3	＜	54.5
母親	56.7	＜	64.1

5段階で「とても・かなりうまくいっている」％

れない「ビッグな存在、厚い壁」なのだろうか。

表２－３では、父親についても母親についても、「社会についての見方」と「経済力」については十二年間で差がないが、それ以外は「人とのつきあい方・頑張る力・社会常識・数学の学力・体力」とほとんどの項目で、僅かながら数字が増えている。つまり親は以前より、偉大で、子どもからするとビッグで超えられないものになってきている。表２－２同様に、子どもの覇気や気概が低下してきていると言えようか。

4　規範感覚が薄れる

がらりとテーマを変えよう。

社会にあるさまざまなルールは、社会規範と呼ばれるが、時代とともにルールを「皆で守るべきもの」とする感覚が薄れてきている印象を受ける。「赤信号みんなで渡れば怖くない」というギャグが流行ったのはいつだったか。皆がしていることなら、自分もしてよいとする感覚が広がってきている。中学生に課せられているルールについて、それからはずれたらどのくらい悪いかを、やはり五段階で聞いている項目から、「とても悪い」割合を抜きだしたのが表２－４である。

もともと中学生時代は、発達段階のうえで非行親和性が強い時期とされ

●表2-3　あなたは，25歳ぐらいまでに，親を超えられそうですか

	父親			母親		
	1983年		1995年	1983年		1995年
人とのつきあい方	33.5	<	36.9	31.5	<	37.1
頑張る力	34.0	<	36.3	31.0	<	37.0
社会常識	49.5	<	53.3	39.5	<	44.6
社会についての見方	53.0		52.9	43.4		44.0
数学の学力	25.6	<	35.4	14.0	<	22.4
体力	28.4	<	41.8	5.5	<	9.7
経済力	75.2		75.8	54.2		52.1

「超えられそうにない」％

る。第二反抗期の真っただ中で、それまで上から与えられていた道徳や規範に疑いをもち、それを集団で逸脱して行動しようとする時期である。そうした青年期の感覚は十二年間で、どうなってきているだろう。

表2－4はいわゆる中学校の校則とその周辺行為に対する規制を、生徒がどの程度受け入れているか見ようとした項目だ。五段階で「とても悪い」の割合である。

もともと中学生に与えられている規則（校則）は、かなり前世紀的な色彩の濃い内容をもつと指摘されている。一般社会のルールとはむろん、諸外国の校内規則ともかけ離れているから、こうしたルールの遵守には、生徒は批判があって当然だろう。「学校で飴を食べる、パーマをかける、マニキュアを塗る、太めのズボンをはく、夜に友人の家でしゃべる」などの内容は、欧米の人々が聞いたら幼稚園生ではないのにと不思議がるに違いない。これまでに生徒の覇気のなさを見てきたが、さすがにこの質問調査では、「放置自転車に乗る、喫煙する」以外、もともと「とても悪い」とする感覚が低かったが、十二年後にはその傾向がいっそう強まって、数字は7割から半分以下にも減っている。つまり規範の受容率が低下している。

●表2-4　次の行為は悪いことか（規範感覚のゆるみ）

	1983年		1995年
放置自転車に乗る	64.8	＞	47.3
自室で喫煙	62.8	＞	39.5
学校で飴を食べる	41.8	＞	26.1
軽くパーマをかける	40.8	＞	22.1
優勝祝いの飲酒	40.3	＞	27.3
薄くマニキュアをぬる	23.1	＞	11.7
きまりより太めのズボンで登校する	22.9	＞	12.1
夜に友人の家でしゃべる	20.2	＞	4.9

5段階で「とても悪い」%

5 現在の校則は無意味

このように、規範感覚が希薄化してきた現状を、さらに直接的に見てみよう。「校則は守るべきか」を聞いたのが表2－5である。

表2－4の項目の多くは、多少時代錯誤的ではあるが、一応の社会規範であった。しかし表2－5の校則の内容は、まったく学校の中だけに課せられた特殊な「守るべき規則」である。したがって表2－4よりさらに反発が強く、十二年前でも中学生は多くの項目で「守らなくていい・なくすべき」と考えていた。数字は5割を超えた項目が多い。

十二年前でほとんどの生徒が「守らなくていい、なくすべき」としていた項目は、ファッション部門では「髪を染めてはいけない」の14・2%だけだったが、それも十二年後には35・7%と大きく増えている。最近は、老若男女を問わず皆が髪を染める時代になっており、この数字はもっと増えているかもしれない。とにかく、どれについても「守らなくていい、なくすべき」とする数字が増えている。この感覚をもつ生徒に「校則を遵守」させようとする生徒指導のむずかしさは想像できる。些末なルールを強制しようとすれば、守るべき大事なルールにも反発が起こるのではなかろうか。

●表2-5　校則は守るべきか

	1983年		1995年
男子の髪は丸刈り	61.9	＜	90.5
女子の髪は黒ゴムで止める	64.0	＜	78.9
女子の髪は肩まで	56.6	＜	72.0
髪を染めてはいけない	14.2	＜	35.7
靴下は紺か黒	57.8	＜	69.9
詰め襟のホックを止める	53.7	＜	62.5
ズボンの裾幅をきめる	44.2	＜	55.2
ワイシャツは白	30.6	＜	34.3
通学カバンの指定	50.4	＜	57.7
通学カバンにワッペンを貼らない	47.5	＜	59.9
チャイムで着席	38.5	＜	50.3
始業前30から5分前に登校	27.7	＜	34.2
職員室に入るときに一礼	23.1	＜	29.0

「守らなくていい・なくすべき」とする%

「人を殺してはなぜいけないのですか」と真顔で聞いてくる青少年の姿は、不合理なルールをむやみに「とにかくルールだから守るように」と強制しようとすることで、人間にとっての本質的な判断すら奪ってしまったのではなかろうか。

6　ジェンダー感覚の広がり

人が作り出した、性別に伴う文化をジェンダーという。いわゆる「男らしさ・女らしさ」のことである。それぞれの社会の中にある「男性はどう行動すべきか、女性はどう行動すべきか」は、性役割分業とも呼ばれてきた。

日本文化の中で、時代と共に大きく変わったのはジェンダー感覚であろう。いちばんいい例が男女両性のファッションの接近で、今は男性でスカートとハイヒールを着用する者がいないぐらいで、あとは百花りょう乱の状況である。女性の社会進出も遅ればせながら少しずつ進みつつある。しかし外側はそうでも、それぞれの家庭内に入ってみると、古い世代の男性の家事分担、育児分担の現状は、世界の先進国に比べ少なからぬ立ち遅れも指摘されている。

表２－６は中学生に、将来の結婚生活の中で、自分と配偶者がどのくらい家事や育児の分担をしようと考えるか、相手に期待するかをみている。

十二年間で性役割分業の傾向は大きく減少し、いわば男女共同参加型の家事を志向する傾向が中学生の間に強まっている。とりわけ面白いのは、十二年前は女子の側に、家事育児への男性の参加を拒否し「自分が担いたい」とするかのような傾向が見えたのが、最近では女子に共同参加型をイメージする積極性が出てきた点だろう。

たとえば十二年前に相手に「皿洗い」を手伝ってほしい女子は、わずか17・4%だったのが、二回目の調査では48・9%と増えている。しかし、それでもまだ半数の女子は自分が引き受ける気があるから、遅れているといえば、そう言えそうだ。「洗濯物を干す」も同様で12・9%が36・4%で、やはり女子が健気に担おうとしている。これらは多分自分の両親が作る現在の家庭で、親たちが担っている性役割の現状を受け入れているのであろう。

しかしどの数字を見ても数字の伸びは著しく、これから三回目の調査が行われれば、性役割が希薄になっていく様子はより鮮明にとらえられることであろう。

同様の傾向は両性のあり方の理念を問

●表2-6　結婚してからの役割分担をどうするつもりか

	男子 1983年		男子 1995年	女子 1983年		女子 1995年
赤ちゃんの入浴	45.7	<	63.9	57.7	<	79.7
布団の上げ下ろし	59.9	<	69.3	44.6	<	62.1
赤ちゃんにミルクをあげる	37.6	<	56.4	35.1	<	60.4
夕食づくり	27.3	<	41.6	21.5	<	45.3
洗濯物を干す	19.6	<	39.2	12.9	<	36.4
夕食の皿洗い	19.1	<	42.5	17.4	<	48.9

男子「ぜひ・ときどき手伝いたい」%，女子「ぜひ・ときどき手伝ってほしい」%

●表2-7　両性のあり方

	男子 1983年		男子 1995年	女子 1983年		女子 1995年
父は厳しく，母は優しく	29.1	>	14.6	24.5	>	10.2
基本的に妻は夫に従う	29.8	>	12.7	28.3	>	9.6
妻は結婚しても仕事を続ける	16.6	<	27.7	26.5	<	39.6
夫婦交代で食事づくりをする	9.5	<	9.0	7.7	<	23.6

「とてもそう，わりとそう」の%

う表2－7でもそうで、上段に掲げた「厳父・慈母」の両親像や夫唱婦随の夫婦像を理想と考える子は、一回目の調査でも少なかったが、二回目の調査では、さらに大きく減っている。また下段の、結婚しても女性が働き続ける生き方を求める子が増えている。とりわけ女子が「食事づくり」のように日常的な家事分担を配偶者に求める声が強くなっている。

7 責任回避傾向・自己顕示傾向の広がり

子どもは自分の将来をどう展望しているのかをも、ついでにみてみよう。

表2－8は、将来の自分の仕事の理想を聞いている。「責任があるむずかしい仕事（専門的職業）」より、「だれにでもできる楽な仕事」、しかも「派手で人目を引くような仕事」を望むようになってきている。楽して華やかな仕事につきたいとは、勤勉実直がもはや日本人の生き方ではないことを、再確認する思いである。

同時に、将来自分がビッグな職業につく可能性を予測させると（表2－9）、どのビッグな職業にもつけそうもないとする、夢を描けない状態が広がっていることに気づく。ビッグな職業なんぞにつかなくてもいい。だれにでもできて、しかも「人目につく、派手な仕事」につきたいと子どもが考えるようになってきている。がむしゃらに頑張らなくては生きていけない時代は日本では終わったことを、感じさせられるデータであろう。

この章では、子どもと、その住む世界が変わってきたことを、養護教諭による保健室からの観察と時系列を追った調査データなどから見てきた。「子どもは子ども、子ども

●表2-8 将来，どんな仕事につきたいか

	1983年		1995年
責任のある困難な仕事	53.9	＞	43.0
だれにでもできるやさしい仕事	56.5	＜	64.1
派手な仕事	31.3	＜	41.4

きっとなれる・多分なれる％

らしさは変わっていない」という人もいるが、これらのデータを見ても子どもは確実に変わってきている。これだけ社会が変化した中に生まれ育った者たちの成長が、環境の変化から影響を受けないはずはないではないか。

かつて動物学者のアドルフ・ポルトマンは人間の発生と発達の特殊性を明らかにすることで新しい人間観を提唱し、「子宮外胎児期」の概念はわれわれに衝撃を与えた。

考えてみれば環境に大きく影響される時期は、独立歩行や言語の獲得、洞察力行為が可能になる生後一年間で終わるわけがない。人のゆっくりした発育とは、動物と違って生涯にわたる経過をたどるのかもしれない。とすれば、変わってきた子どもの成長と発達に何が最善の成長環境か、学校教育を含めての見直しが必要ではないか。

●表2-9　将来，ビッグな仕事につけそうか

	1983年		1995年
大会社の社長	45.3	＞	41.6
テレビによくでる歌手	44.3	＞	37.0
名医	53.2	＞	45.0
国会議員	56.9	＞	46.5

きっとなれる・多分なれる％

3章 親もまた「困ったちゃん」

前章で見てきた最近の子どもの発達の姿の変化の背後には、当然、子どもの最大の成長環境である親自身の姿の変化があることを意味している。これだけの社会の変化の中にあって、親の姿や生活が変わらないはずはない。第一、親自身が少し前まで、「変化の時代の中で成長した子ども」だったのだから。

事実、幼稚園や保育所、学校の教員、また児童施設の職員は、そろって「子ども以上に、親たちが変わってきた」と嘆いている。いくつかの調査データから、親の姿の変化を追ってみよう。

まずは先に紹介した養護教諭調査から、「最近の親について気になること」の記述を拾ってみる。全体を流れるのは、親の子育てのいいかげんさに関する嘆きの声であった。

1節　養護教諭が感じる最近の親たち

①　子どものために、親の生活（楽しみ）を犠牲にしたくない

・子ども中心でなく、親中心の考えが強くなっている。夜型生活や、まだまだ手をかけてあげなければならない時期に放任し、1年生なのに朝食の準備からランドセルなどのチェックなどもしていない。

・夜の勤務で朝起きられず、子どもは朝ご飯も食べずに、遅刻。自分のペースで生活をしており、子どものためという気持ちに欠けている。

・自分たちの都合で子どもを欠席させたり、前日の疲れを翌日に残すようなレジャーに行ったり、親の楽しみ中心の生活。

・親の生活が中心で、自分がカラオケに行きたいからといって、小学1年生を夜遅くまで連れまわしたりする親。

・若い母親たちが、連絡会、打ち合わせ会など、ＰＴＡの会の延長で、カラオケ、飲食と、自分の自由を主張しすぎる。その間、子どもは家に残されている。親睦のミニ・バレーも、どこの学校でも行われているが、本当の意味があるかどうか、不思議に思う。

・働いている母親が多く、忙しいので生活が子どものリズムより、親のリズムにあわされている。子どもの就寝時間が遅くてもあまり気にしていない。

②　親の役割を果たさず自分勝手、子どもの様子に無関心

・子どもは学校へ行かせておけばいいという考えでいるのか、朝から熱があっても登校させる。学校で寝かせておいてと言う。
・朝から熱があっても、自分が出かける予定がある日は、学校で寝てろと登校させる。
・学校への依存心、「保健室で○○してもらいなさい」「発作の時は、吸入してもらいなさい」と吸入器持参。「水薬をビンごと持ってきて一回分飲ませてほしい」。しかし、すべて親からの連絡はなし。突然、子どもから聞くだけ。
・親がすべきことがわかっていないのかと思うことがある。ピカピカの1年生なのに、親が学校の連絡を見ることもせず、健康診断等で必要な記入用紙なども忘れる結果となることが、年々増えている。その割には文句はしっかり言う。お互い様の気持ちに欠けている。
・保健室登校しているわが子の様子を気にして、養護教諭と話をしたりすることがない。学校に子どもが登校していれば、それだけでよいといった感じがあり、学校に任せきりである。
・学校から子どものことを話しても、構わないでくれとか放っておいてくれなどと言う親がいる。
・過保護か放任の両極端が多い。子育てを人任せにしてしまう。たとえば、家でケガをしたり湿疹が出ていても、子どもは「保健室で見てもらいなさい」とか「薬をつけてもらいなさい」と親に言われたと言って保健室にくる。反面、爪切りまでしてやって、自立を遅らせている親もいる。

③　親が忙しいので子どもは話す時間がない

・共働きの家庭が多いので、子どもの心が満たされないのだと思う。私が「こんなたいへんなこと、どうして家の人に言わなかったの？」と聞くと、子どもが「だってお母さん、忙しそうにしてたから」とか「お母さん、わたしより先に会社へ行っちゃうから」とか「お母さんお勤めだから、お夕食作りが忙しくて、わたしが話してもあまり聞いてくれない」などと言う子が多い。

・親の忙しい姿と疲れた姿を子どもに見せているように思う。子どもは、その姿に自分を抑えて、甘えることもなく我慢しているのを知らない親。スキンシップのつもりが、お金か好きなものを買い与えて取り繕っていて、本当のものが見えていない親がいる。

・仕事に忙しく、子どもの面倒を見ていない、放任している。何か問題があっても「知らなかった」。

・子に顔を寄せないこと。もっともっと近寄って見てあげてほしい。ケガのバンソーコーは何日も貼りっぱなし。ケガを見てくれない。さわってくれない。もっと見て、近寄って、さわって子育てをしてほしいと思う。

④　わが子しか見えない、わが子はいつも正しい

・学校での集団生活、学習をしている間に、いたずらしたり、相手を殴ったりした時など、子どもに注意したりすると「なぜうちの子だけ叱るんですか？」と学校に対して苦情を言ってくる保護者が多い。自分の子どものことだけしか目に入っていず、他人に迷惑をかけたりしたことに対し

ての反省の色が年々若い保護者に見られなくなった。子どもと同じ自己中心から抜け出せない、いわゆる親として成長していない保護者が目立ち、子どもより、保護者への教育をしないと子どもが良くならないように思われる。

・わが子だけを見ている。何かトラブルがあるとすべて自分の子は正しい、被害者である、と訴える。

⑤　何でも学校の責任にする

・子ども同士のいさかい等についても、学校の責任を指摘する。低学年の親はケガ、いじめに過敏に反応する。子どもはけんかもしにくい状態。

・いちいち、ささいな事でも、すぐ文句を言う。ものの言い方を知らないと思う。小さなすり傷でも「学校は、どう対処したのか！」と、すぐ学校に対して批判的。

・学校への不信、不満が多いのか、学校への悪口を子どもの前で平然と言うなど。〝子どもに何でも話す〟ということを間違えてとらえている保護者が多い。

⑥　子育てに自信がなく、不安が強い

・子どものことを心配するのはわかるが、心配しすぎたり、子どもより親の方がオロオロしてかえって子どもを不安がらせている親が増えている。

・判断能力に欠けるおとなが多い。ケガをしても、昔だったら「これくらいだいじょうぶ！」と父母は言ったのに、今は「どうしよう。どうしたらいいですか?」と泣いてしまう母がいたり、ケガをさせられたことを学校で解決してほしいと頼む。

・子育てについて自信のない人が多い。学校での様子を話すと「どうしたらいいんですか」と泣き出す人もいる。

・子育てについて不安をもっている親が増えている。1年生の保護者の中には連絡帳を使い、担任と交換日記のように記入している人がいる。

・過剰なほどすぐ医療機関にかかりたがる親が目立つ。軽い打撲など、本人が保健室へも来ていないケガで通院し、災害報告を書く羽目になる。

・保護者自身が子どもを叱れない。どうしていいかわからず「先生、どうしたらいいでしょう」と聞いてくる親がいる。

⑦　子どもと友だち感覚

・子どもと友だち感覚で、親としての頼もしさ、懐に飛び込んだあたたかさのようなものがない。

・変な仲良し親子(一卵性親子のよう)が多く、子どもの自由を履き違え、自分と対等に扱っているといいながら、注意できない親が多い。子どもに弱い部分を見せすぎて、子どもが甘えられない。しかし、そのような親が、一般的に子どもには受けているのかもしれない。

・子どもを自分と対等に扱っている(例―ダイエットをさせている)。

⑧　子どものペット化

・かわいい格好をさせてきて「服、靴をよごすな」と言って、子どもの遊ぶのを制限したり、子どもの髪を染めたり、ペット化している。

・ロングスカート、茶髪、マニキュアなど、親の価値観を子どもに押し付けている。子どもは「染めてほしくないのに、お母さんが」と言う。

・茶髪、パーマ、細い眉を低学年のうちからさせている。子どもの髪が痛んでいる。

・通学距離が余りかからないのに車で送り迎えをし、電話一本で子どもの送迎に出向いている。

⑨　親自身のマナーの悪さ・常識のなさ

・学校の先生は「①親切にしてくれて当たり前、②一生懸命で当たり前、③優しくて当たり前」だと考えている。自分の子どもが世話をかけても、当たり前のことだからあまり感謝もしない。通り一遍の言葉で終える。ある担任は「去年受け持った子の親と道路ですれ違ったけど、ろくに挨拶もしないの」と怒っていた。悪い関係でもなく一年を終わったのに、と残念がっていた。人と人との関わり方が実に淡白である。とくに若い保護者ほどその傾向が強い。虚しい思いをすることが多くなった。子どものためにすることはなんとも思わないが、やはり寂しく思う。「毎日毎日、親切に、一生懸命、優しくすることがどんなにたいへんかわかるか」と言いたい！

・礼儀知らずで、人の迷惑は考えず、ただ自分のことだけを考え、自分の子どものことしか考えていない。授業参観に来ても挨拶もできず、無駄話ばかりをしている保護者を見ていると、まだ学校に来ている子どもの方がいいなあとも思うし、こんな親では子どもがいい子に育つわけがないと思う。

・常識がなさすぎる。ガムを噛んで授業参観に来たり、しゃべっていたり、とてもうるさい。

・基本的な行動がとれていない。たとえば、保健室で熱を出し世話をした場合でも「ありがとうございました」も言えなかったりする。

親もまた「困ったちゃん」のようである。

2節　親による言葉の暴力

養護教諭の目から見た親の姿はさんざんだったが、それは外からの把握にすぎない。子どもたち自身にも聞いてみたいが、親から虐待を受けている子ですら、親を悪いとは言わないことは、よく知られている。子どもにとって親は絶対なもので、比較の対象ではないからだろう。

本来、家庭は外からの侵入者のいない安全な空間で、子どもは親から愛され、保護されて過ごしている。しかしひょっとして、子どもの保護者である親自身が、意図せずに子どもを痛めつけ、心に傷を負わせてはいないだろうか。子どものアンケート調査[☆1]の中から、親から言われてつらかった体験を探ってみよう。回答者は、東京と富山の小学校4、5、6年生約四百人で、時期は平成十三年六月だった。なお記号は学年と性別、〈複〉は二人以上六、七人まで、〈多数〉はそれ以上の子どもが記入したことを示す。
なお同時に「先生から言われて嫌だった言葉」についても聞いてみたのだが、親からの言葉よりずっと書き込みが少なかった。親はわが子になら何を言っても許されるだろうと、甘えがあってつい不用意な言葉を投げつけるのかもしれない。しかし自分を慈しんでくれている親からの言葉だからこそ、子どもはいっそう深い傷を負うこともある。敵とわかっている相手からの言葉より、ガードしていない親しい相手からの一撃のほうがずっと身にこたえるのではないか。

1短く罵る

・馬鹿　4年、5年、6年多数
・あほ　4年複　5年多数　6年♀
・ちび　4年複　5年複
・ブタ　4年♂
・かす　4年♀　5年♂
・のろま　6年♂
・チェッ（舌打ち）　4年♀

他人の子どもには人権があるから、決して言わない言葉だろう。では、わが子には人権がないのか。こんな下品で程度の低い言葉が、何気なく、しかもちょいちょい使われている家庭という空間は恐ろしい。その家庭の文化というものかもしれないが。

2子どもの存在そのものの否定

・死ね　4年複　5年♂　6年♀
・そんな子どもに育てた覚えはない　4年♀
・役に立たないな　6年複
・生きる価値なし　5年♂

言語道断！　子どもがどんな悪いことをしたとしても、また、親だからといって、許される言葉ではないだろう。

3どう喝のたぐい

・（家から）出ていけ　4年多数
・木に縛ってやる　4年♀
・黙れ。うるさい　4年複♂♀
・はりたおすぞ、オラッ　4年♂
・このままだとテレビのキレた少年みたいになる　4年♀
・（ささいなことで）あんた、もう不良の仲間や　6年♀

心理的虐待という言葉が胸をよぎる。

4子どもを侮る言葉

・生意気　6年♀
・あっち行け　4年♀
・うるさい、あっち行け　6年♀
・ちょっと、どいて。じゃま　6年♀
・なにしてんの　6年多数

＊〈て〉にアクセントをつけて読んでみよう。子どもの腹立ちがわかる。

・あっそう。だからどうしたの　4年♂
・(何か教えてくれるときに)これはこうすんのよ、もう!　4年♂
・もっと頭よくなれ　4年♀
・もう、6年生なんだから　6年♀
・進歩ないな　6年♂

5急いで、急いで

・早くしなさい。さっさとしろ　4年多数
・なにもたもたしてんの。なにしてんのよ　4年複
・遅い!　早くしなさい　5年複
・早くしなさい　6年多数

子どもの時間はゆったり流れる。子どもを早くおとなのペースに慣らそうと、おとなはせき立てる。

「それは自分たちのペースじゃない。急がさないで」と子どもは思っている。

6もっと頑張れ、もっと勉強しなさい

・ちゃんと勉強しろ（しなさい） 4年多数
・宿題やったのか。早くやれ 4年複
・もっと頑張れ 4年♂
・ゲームばっかりするな 4年♂
・宿題した？ 6年複

勉強を子どもに任せておいてだいじょうぶと言う家庭は、まずないのかもしれない。でも言われて不愉快だった記憶は、だれの胸にもある。

7決めつける

・本当はこう思っているんでしょ（わかったようなことを言う） 6年♀
・もう、何度も言ってるでしょ。言われたことをやれ 6年複
・（ちゃんとしてあるのに）時間割したの？ 4年♀
・勉強しないからダメなんだ 4年♀

8無視する

・えっ、もう一回言って（＊聞いていなかったのだろう） 4年複

・（頼んだことを）あっ、忘れてた　4年♂

おとなはトシのせいで忘れても、子どもは無視されたと憤っている。おとなの間でも、無視は最大の侮辱ではないか。

9ケンカの裁きが不公平

・（きょうだいゲンカの後に）あんたが悪い。おまえが全部悪い。（弟が手を出しても）おまえはがまんするんだ　4年多数
・（ケンカの時に）おまえが全部悪い　6年複
・ケンカなんかするな　4年多数

きょうだいゲンカは相手との本気の関わり。それだけに、その白黒に子どもはこだわる。もっとうまくさばいてほしい。

10比較する

・○○ちゃんができるんだから、あんたもやりなさい　4年♀

比較して叱るのは、昔からしつけの禁じ手だったと思うが。

11 単なる注意

・好き嫌いするな。もっと食べろ　4年複
・手伝いなさい　4年♀
・部屋が汚い　6年♀
・そんなことしてたら、目、悪くなるでしょ　4年♂
・ちゃんとして　6年複
・きったない字やなあ　4年複
　＊汚い字ではなくて〈きったない字やなあ〉というところに子どもの憤りが見える。
・太ってる　6年♀
・ちゃんとした格好しなさい　4年複

おとなとして言わずには済まされないことなのだが、言い方がカンに触るのかもしれない。

こうした子どもたちの声を聞いていると、子どもとのコミニュケーションのむずかしさが痛感される。親が不用意に、または悪意なく、または必要に迫られて発する言葉の中で、子どもたちが傷ついている日常がある。言葉はしばしば「心理的虐待」の有効な手段となる。とりわけ最近の子どもたちは言葉に敏感で、なぜか傷つきやすい心をもっている。家庭という他から侵入できない空間の中で、いわば絶対的な権力をもつ親が、心理的「暴力者」にならないような自戒が必要ではないだろうか。☆1
（「児童心理」より一部修正して所収）

3節　先生の眼差しをもち始めた母親たち
――二十四年前の母親調査と比較して――

2章で子どもの変化についての時系列的資料をみてきたように、親についても同様な資料を探してみよう。筆者が一九七二年に行った母親調査を、二十四年後にまったく同じ調査票を使って追跡した資料がある。それによって母親が子どもを見る眼差しがどう変わったかが明らかにされた。

筆者は大学院を修了して、東京教育大学（現筑波大学）教育相談研究所の助手になった。今から三十数年も昔のことである。不登校問題のはしりの頃で、さまざまな「困ったちゃん」の臨床に関わるなかで、わが子を見る母親の眼差しの温度差を痛感していた。とりわけ発達の障害をもつ子の親は、片やそれを自分の責任と考えて、自分の仕事や生き方を犠牲にして子のために尽くそうとする献身的な母親と、他方で、できれば施設に預けて自分の人生から障害をもつ子を切り離そうとする母親がいた。母親と子どもとの関わり方の差はどこから生まれるのか。そのために、母親がわが子を見る眼差しの構造を、アンケート調査[☆2]によってとらえることにした。

調査の方法と手続き

七十七対の形容詞からなる子どものイメージ尺度を作るための手続きは次の通りだった。

① まず四人の臨床家に依頼して、子どもの状態を示す言葉（農家の子ども、遊んでいる子ども、

泣いている子どもなど）を書き出してもらって、八十人の子どものリストが作成された。

②　それを二十四人の大学院生と臨床家に提示して、それらの子どもを形容する修飾語をつけさせた。八十の子どもの状態の中で、修飾語が数多く得られたものを上位から四十個選び出した（嫌な子ども、太った子ども、理想の子どもなど）。

③　それを三二三人の小学生と幼児をもつ母親と女子大学生に配付して、それにさらに修飾語をつけさせた。

④　集まった形容詞を整理したところ、二三二〇語の形容詞が集まった。それを頻度順に並べて上位二九九語を選び出し、それを四分割して各百五十人の大学生に提示して、反意語（太っている—痩せている、強い—弱いのような）をつけさせて整理し、いくつかのステップを踏みながら、最終的に七十七個の子どもを形容する形容詞対を得た。

得られた形容詞対を用いて、関東の八百人の幼児と小学生の母親に依頼して、「わが子」を評定させ、収集された結果を主因子解法で因子分析した。その結果、全分散の45％までで七因子が抽出された。

二十四年前の七因子

これらの作業の結果から、幼児や小学校低学年の母親が子どもを見る眼差しが、七つの角度をもつことがわかってきた。

〈第Ⅰ因子〉明るさ

子どもの明るい側面をみる角度である。親はわが子の上に、子どものもつ天衣無縫ぶり、天真爛漫ぶりを見るのであろう。

明るい、表情豊かな、おしゃべりな、愛敬のある、外向的な、朗らかな、にぎやかな、人なつっこい、生き生きした、楽しそうな、はきはきした

〈第Ⅱ因子〉素直さ

まだ人生の暗さ、汚さ、きつさを体験していない、天使のような子どもたちの中にある柔らかさ、素直さの側面への関心であろう。

素直な、思いやりのある、扱いやすい、やさしい、従順な、親切な

〈第Ⅲ因子〉社会化

生まれたての子どもは動物の仔と同じで、未だ社会の文化に触れていないから、いわば一匹の哺乳動物の仔にすぎない。赤ん坊の成長過程は、自分の中にその社会の文化を少しずつ取り入れていく過

程である。しつけや教育がその役割を果たす。親は子どもがどのくらいよくしつけられているか、教育されているかに関心をもつ。こうした側面を示すのが、この第Ⅲ因子（社会化）であろう。

注意深い、きちんとした、清潔な、物覚えのよい、行儀のよい、責任感のある

〈第Ⅳ因子〉健康

子どもは健康そのものである。病気はしても一時的な状態で、エネルギーと活力にあふれている。この因子はそうした意味で、子どもの本質を表した因子の一つであろう。

血色のいい、健康な、たくましい、太っている

〈第Ⅴ因子〉強靭性

若くて恐れを知らない生き物の特徴は、しなやかなバネの力であろうか。打たれても跳ね返すたくましさ、自立心にあふれ勇敢で積極的な行動の仕方を象徴する因子である。こうした態度は、残念ながら加齢と共に失われていく。

気が強い、自立心がある、頼もしい、勇敢な、積極的な

〈第Ⅵ因子〉精神テンポ

子どもの特徴の一つは絶えず動きまわる、せわしなさであろう。あくなき好奇心とエネルギーがその行動を支えている。この因子の内容は、行動のテンポ、行動の機敏性を示す項目から成っている。最近関心がもたれているADHD（注意欠陥多動性障害）と呼ばれる子どもたちも、この側面を肥大させただけなのであろう。おとなが勝手に作り上げた学校システムに馴染まないからといって、問題視してはいけないのではないか。

せっかちな、こせこせした、すばしっこい

〈第Ⅶ因子〉無邪気さ

説明力は落ちては来るが、一応拾っておくと、子どもの特徴である「無邪気さ」がその内容である。

無邪気な

「能力因子」の出現

この資料を筆者の古い電算機の資料から探し出して、新たにパソコンに打ち込み、新たにほぼ同じ地域の七百人の幼児と小学校低学年生をもつ母親に調査して、結果を因子分析した[☆3]のが、当時大学院生だった平野真穂さんである。二十四年間、四半世紀の間に、母親がわが子を見る眼差しは変わっただろうか。

結果は面白いことに、七因子まではほぼ同じで、新たに八因子目が検出された。これは能力因子と名づけられた。

〈第Ⅷ因子〉能力

器用な、物覚えのよい、集中力のある、鋭い、要領のいい

使った形容詞対は前と同じだから、二十四年前はこの項目はバラバラにどこかにひそんでいたに違いない。七十七個のうち七因子の構成項目は三十六個だけで、残りは因子を構成するに至らず埋もれていたことになる。それが四半世紀を経て一つの因子としてまとまりをもつに至ったのだった。

この結果が示すものを、次のようにまとめることができるであろう。

最近の母親の中には、わが子を見る眼差しに、かつては意識されなかった「頭のよさ、物覚えのよさ、集中力、シャープさ、鋭さ」など、競争社会で生き抜いていくために必要な能力、おとな同様の能力、いい成績をとるために要求される能力への関心が備えられ始めた。子どもは無邪気で元気であればいいとする子ども観から、教師の眼差しを備え始めたかのような親の出現である。教育ママ、教育パパの呼び名は、かつて一部の教育熱心な親につけられたネームだったが、その状況が一般化したと言えようか。

母親は無私の愛情で、子どもをわが腕に抱きとる者とされていた。社会的な価値に照らして、わが

子をいい子、悪い子と評価せず、「かけがえのないわが子」として翼の下に保護した者たちだった。二十四年を経て、母性原理で「包む者」だった母親は、父親同様に父性原理を備えて「切る者」となったのだろうか。

居場所がない子どもたちが、取りざたされている。かつてはたとえどのように社会的価値の低い子でも、母親の翼の下では他のきょうだいと比較されず、安全にその翼の下に羽を休めていたのだった。もっとも明治時代に遡れば、親自身が教育を受けていなかったので、学校の成績に関心が少なかったのであろう。しかし、高学歴化して、たいていが高校までの長い教育期間を経るようになると、わが子の社会的価値に鈍感でいられなくなったのであろう。数年前まで、自分自身がそうした社会的価値を獲得するために、塾にまで通った歴戦の勇士たちであれば、わが子の上にそうした眼差しを注ぐのは当然だろう。

親の教師化現象とも言えようか。高学歴化社会は、子にとっても親にとってもまことに不幸な時代ということになる。

七つの領域ごとの変化

ちなみに七つの因子が示す側面ごとに、親は子どもをポジティブ、ネガティブのいずれの方向で評価するようになったのか。

詳細は平野氏の論文☆3に譲るとして、ここで大まかに結果を見てみると、二十四年間でわが子に対するとらえ方はおおむねポジティブになっている。わが子は明朗で、健康で、強靭性を備え、精神テンポが早くなった。唯一のネガティブなとらえ方は、第Ⅲ因子の「社会化因子」で、これは「しつけができていない」方向にグラフが移動している。

なお因子構成を離れて、項目間の移動をみると、多少ではあるが「人なつっこさが減り、はきはきしなくなり、勇敢でなくなり、痩せが進行した」と感じられている。

2章でみたように、子どもにはいま、外野からは「困ったちゃん」としてとらえられているが、母親自身はわが子を肯定的、つまり「いい子ちゃん」としてとらえていることがわかる。世間と親との子ども把握のギャップがどう解釈できるかは、面白い問題であろう。

4章 それぞれの「困ったちゃん」の問題

この章では、おとなたちを悩ませている多様な「困ったちゃん」をとりあげ、それぞれの問題のアウトラインを示し、その「困ったちゃん」への対応の要点を、筆者の臨床や調査の中での雑感を含めて述べる。枚数の制限もあり、多くは触れられないので、読者の便宜のために比較的読みやすく書かれた最近の著書を参考文献として掲げた。

1節 痩せ願望

1 見た目へのこだわり

「見た目で選んで何が悪い」。挑戦的な眼差しの女性を使ったＣＭが何年か前にリリースされた時、正直のところ筆者の中にあった価値観は揺さぶられた。見た目にこだわるのは浅薄な人間のすることとされ、おしゃれが軽蔑された時代は歴史の中で長かったのである。

そのCMの、見た目で選んでいいじゃないかという挑戦は、考えてみれば、見た目にこだわること、外見にお金をかけられる時代がきた以上、当然かもしれない。今は「おしゃれ」は賛美の言葉だし、幼児にもマニキュアをさせ、髪を脱色させる親が出てきている。それ以上に、犬の美容室が繁盛し、犬がしゃれた服を着せられ、髪飾りをしてもらって、飼い主に愛玩されている。子どもが見た目への関心を強めるのは当然だろう。

おしゃれは飾ることだが、もう一つの見た目のよさは、「痩せ」だろう。無駄なゼイ肉をそぎ落とした、スレンダーな身体を価値とする傾向が広がってきている。ダイエットの流行は、おとなの女性だけでなく、幼稚園児にまでも広がっているかのような状況だ。むろんその背景には健康指向がある。国技である相撲の人気が低落傾向にあるのも、相撲体型を不健康なものとして回避する心理からかもしれない。

発展途上社会では、食べものを豊富に食べていることの象徴である恰幅のよさが紳士を形容する際に用いられ、肉のついた身体を理想とした時代もあった。しかし飽食の時代の到来は、肉はゼイ肉扱いされ、より細く、よりしなやかな身体への渇望が広がっている。

それらとどのようにリンクしているかはわからないが、病理の世界では、最近過食や拒食など、摂食障害が広がってきている。ちなみに、平成十二年に神戸女学院大学が関西で行った調査では、自分の体重を不満とする者は、中学で44%、高校では66%にものぼったという。見た目へのこだわりである容貌はある程度化粧やヘアスタイルでカバーできても、体型はなかなかコントロールできない。そこに不満が集まるのだろう。

2 子どもの痩せ願望

この傾向は、小学生の場合はどうなのか。平成十三年に行われた小学生調査[☆1]から、子どもの痩せ願望と、その背景を見てみる。

首都圏の小学生4、5、6年生の結果は図4-1のようであった。自分の体重を「ふつう」とする者は男女とも36%だが、残る3分の2は、自分をふつうより痩せているか、太っているとみている。

なかでも自分を「太っている」とする者は「痩せている」とする者の男子で二倍、女子は五倍である。女子にとりわけその傾向が強く、自分をふつうより痩せているとみる者は11%でしかなく、これに対して、自分を太っているとする者は五倍の52%にものぼる。

だから、体重測定を嫌だとする女子は〈とてもいや・少しいや〉をあわせて8割で、身体のことは気にしないで元気に跳ね回っているイメージの男子でも、35%が体重測定を嫌がっている。

また本人が太っていることを意識しているだけでなく、3割もの子どもは家の人からも「痩せたほうがいい」と言われている。

したがって、アンケートで「痩せたいか」とたずねられると、男子

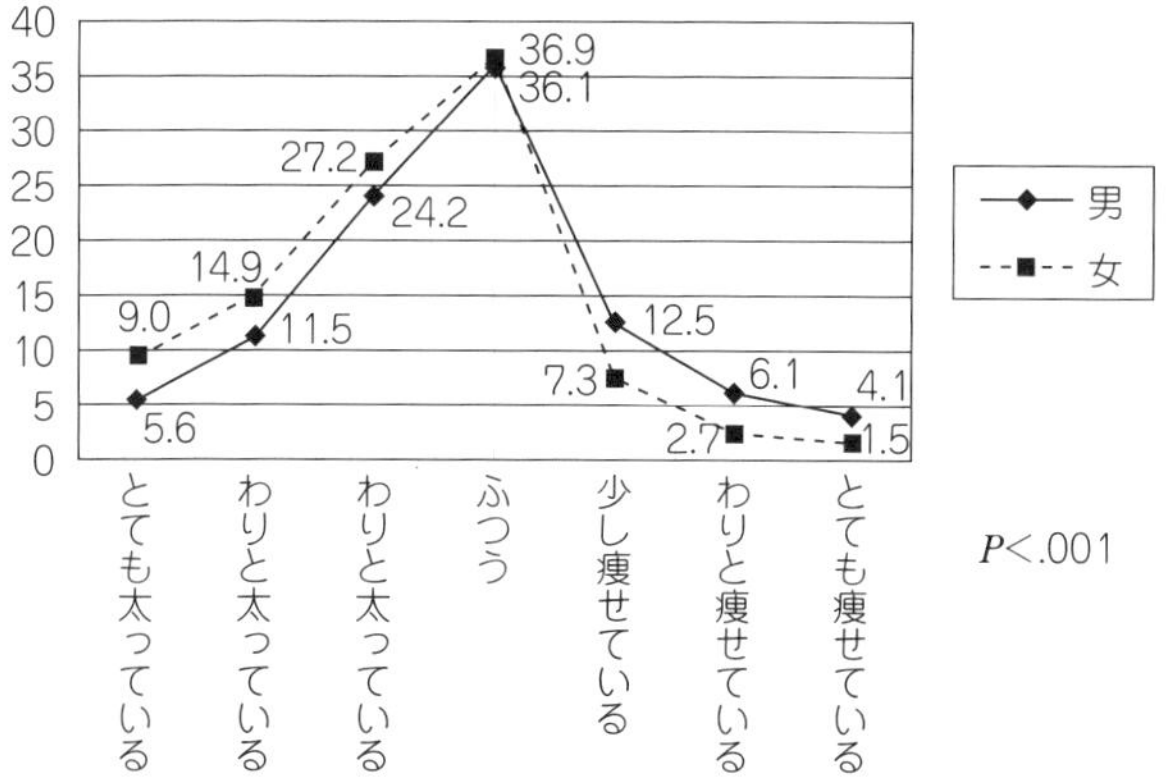

●図4-1　あなたは，自分の体重についてどう思っていますか

は45%が〈うんと痩せたい、少し痩せたい〉と答え、女子に至っては70%が痩せたいと答えている（図4－2）。

また、ダイエットをしたことがあると答えた者、今「痩せるために何かしている子」は男子で11%、女子で17%、前にしたことのある者を合わせると、男子で3割弱、女子で4割が経験をもっている。方法はおとなほど無理なものではないであろうが、しかし、育ち盛りの小学生がダイエットをしてだいじょうぶだろうか。

彼らのほとんどは、無理なダイエットは身体に悪いことを知っているが、「身体を壊してまでも痩せたいか」と聞かれて、「どんなに身体を悪くしても痩せたいとする者」こそ、さすがに2～3%しかいないが、「少し身体の調子が悪くなるぐらいなら、痩せたい」とする者を合わせると、男子で2割、女子で3割近くになる。おとなと違って身体を悪くすることの意味が理解されていないので、気やすくダイエットを口にするのだろうが、身体をつくる今の時期のダイエットが、とりわけ女子の将来の、妊娠・出産などのイベントに、また男女共同参画とはいうものの、やはり女子にずしりとかかってくるであろう育児に耐えられる体をつくることができるかを、懸念せずにはいられない。

さて、その結果痩せることに成功したかどうか聞くと、「失敗した、全然痩せなかった」と答えた者は3割にすぎず、「とても痩せた」とした者は3%だったが、6割を超える者が、「少し痩せた」と答えている。おとなの例からいってもそれは気のせいだろうが、彼らは自分の体重コントロールに自信をもっている様子である。

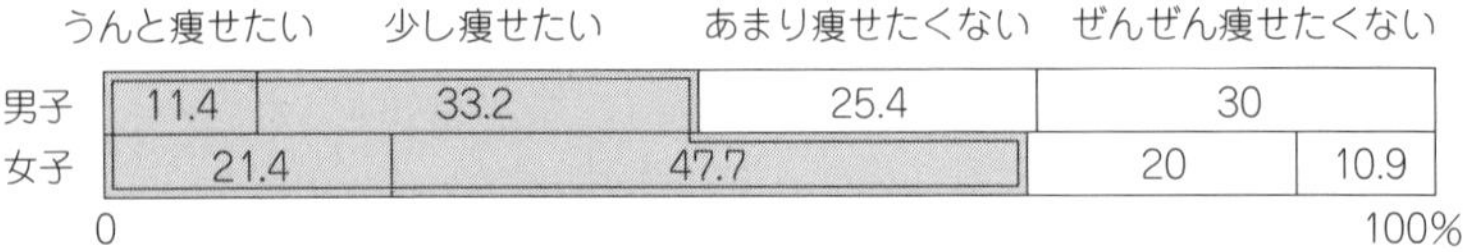

●図4-2　できれば今より痩せたいか

その方法を聞いてみると、甘いものや油の制限、運動をたくさんするなど、健康保持のためにいいことは別として、食べ盛りの年齢の子にもかかわらず、「お腹いっぱい食べない」が、男子で18％、女子で26％もいた。また「おやつをあまり食べないようにしている子」も、4割近くなっている（図4－3）。

3 痩せ願望とストレス

では、とくに痩せたがっている子はどんな子か、そうした子のなかに心理的な問題や心の歪みはないのだろうか。

まず「今より痩せたいか」の回答を用いて、グループを三つに分けた。女子では第一群（21％）をうんと痩せたいグループ、第二群（48％）を少し痩せたいグループ、第三群（31％）をあまり・全然痩せたくないグループに分けた。男子では11％、33％、55％となる。

次に、友だちから「もっと痩せればいいのに」との眼差しを感じるかでは、痩せたいグループほど、他人の眼差しを強く意識している。実際に、よほど極端な体型でなければ、他人が太っていようと痩せていようと、ふつうは関心の外にある。しか

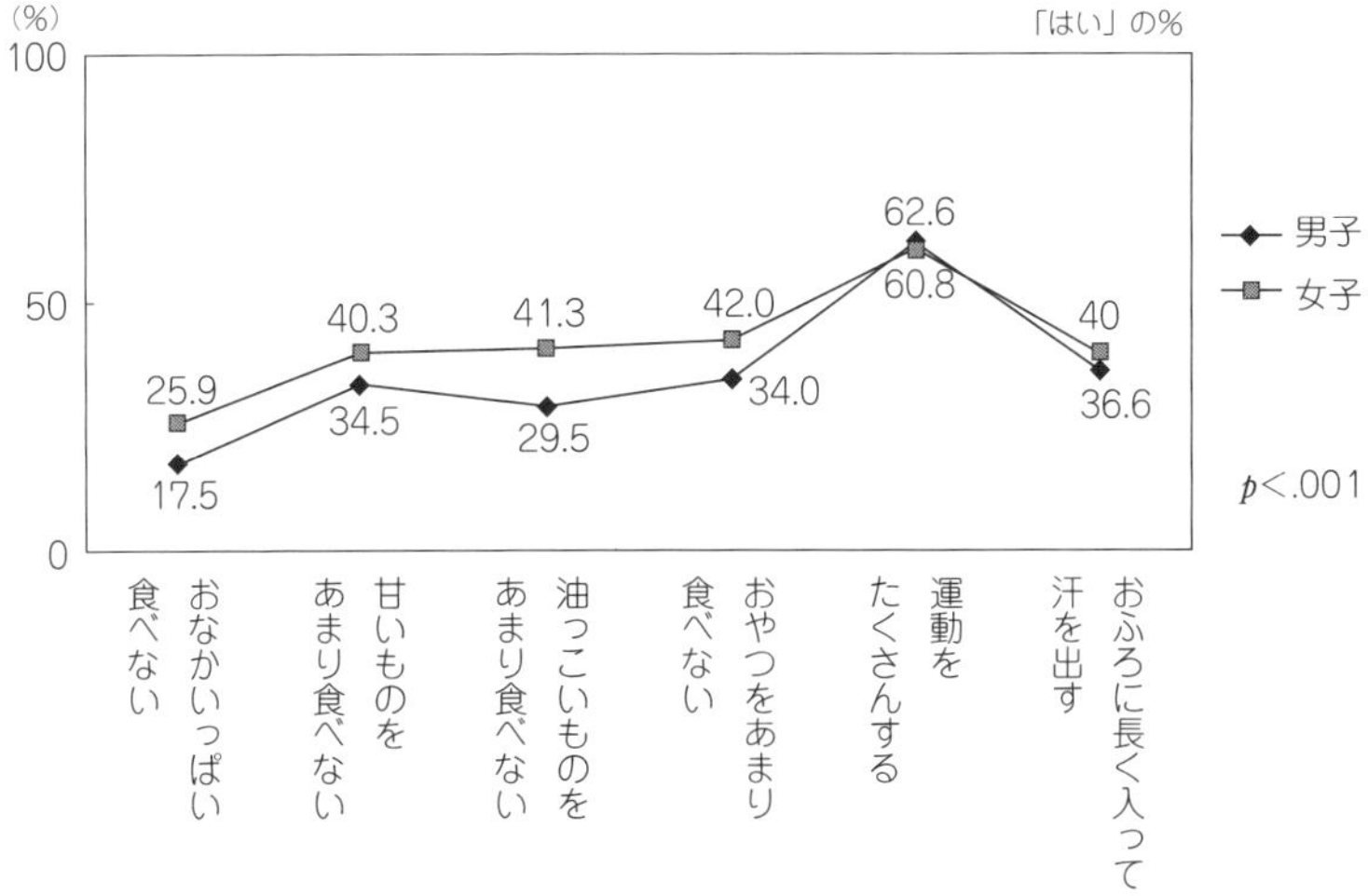

●図4–3　痩せるために気をつけていること

し、痩せ願望の強い子は、主観的に他人の眼差しを強く感じるような、いわば見かけに関する過剰な意識がある。

また無理なダイエットでもしたいかを聞くと「すこし身体の調子が悪くなるぐらいなら痩せたい」という危険な痩せ願望は、痩せ願望の強いグループには57％もいて、他を引き離している様子も見られた。

また、顕示性やおしゃれ欲求、流行への関心も痩せ願望の強い子に強く見られる。また、学校や家庭でストレスを感じる度合いが大きいと、それが痩身願望になって反映する様子も顕著だった。

以上をまとめた図4－4、図4－5を見よう。女子の例（図4－4）を見れば「学校ストレス、家庭ストレス、自己像の一部、体の意識、自己顕示性、おしゃれ欲求」など、ほとんどの項目で、痩せ願望との関連が見られる。

この中でとりわけ興味深いのは、学校や家庭での人間関係の中で発生するストレスと痩せ願望の強い結びつきだろう。図が示すように女子では「学校で人からどう思われているか気になる、毎日が忙しいので疲れる、学校で嫌なことが多い」などの学校ストレス、「家で嫌なことが多い、親に隠して言わないことがある、

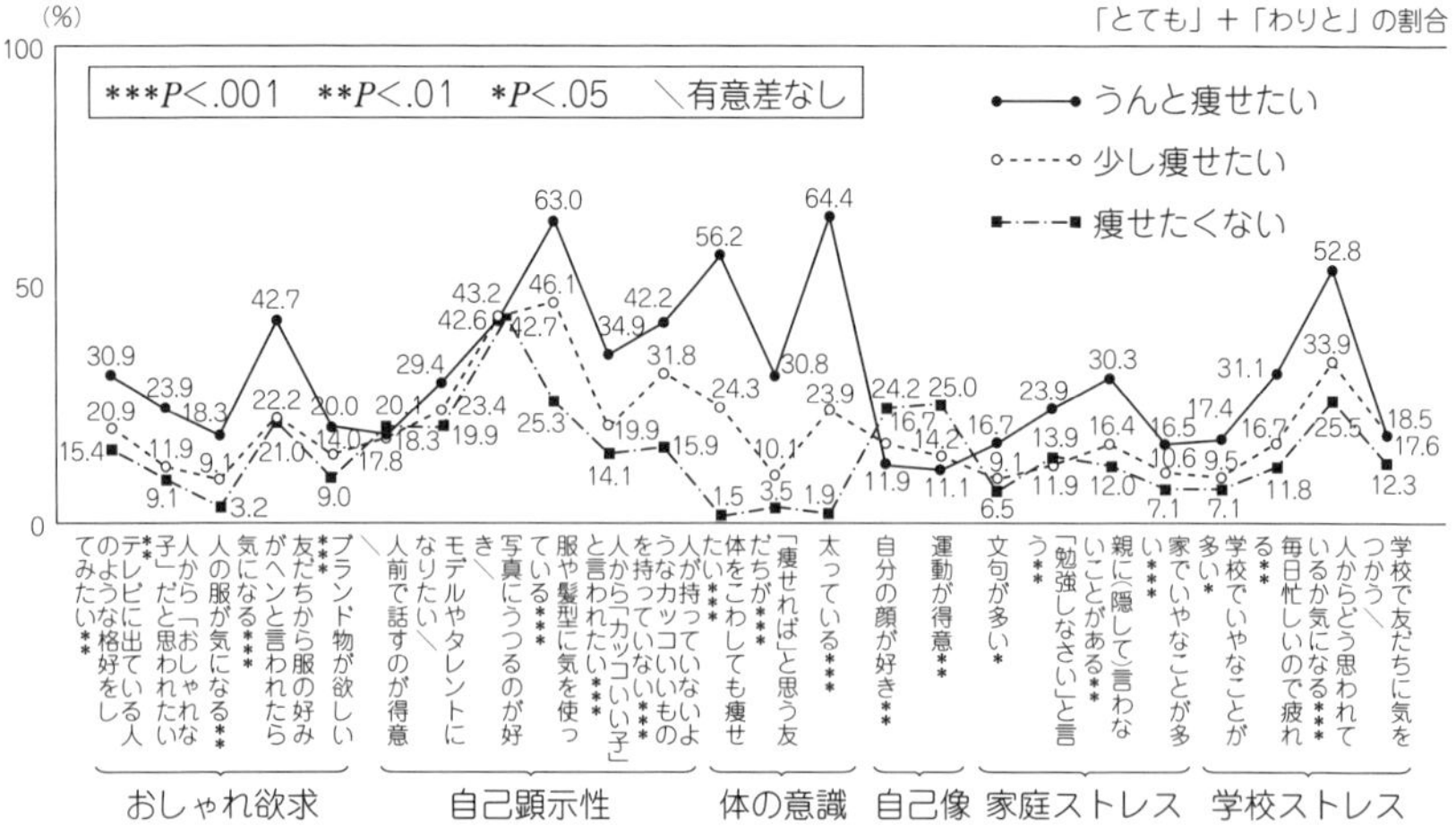

●図4‒4　痩せ願望と子どもの特性（女子）

親はしょっちゅう勉強しなさいと言う、自分によく文句を言う」とする子は痩せ願望が強い。

また、運動が得意でなかったり、自分の顔が好きでない子、すなわち欲求不満が強い子ほど、痩せ願望も強いこともわかる。男子も同様だが、女子ほどの強い関連は見られず、自己顕示性の強い子（人前で話すのが好き、写真に映るのが好き、人が持っていないようなおもちゃや文房具を持っていたい、モデルやタレントになりたい）やおしゃれへの関心「人からかっこいい子と言われたい、服や髪型に気を使っている」などで、女子より関連が強いようである。

4 まとめ

痩せ願望が小学生に広がっており、子どもの理想的な身体像に関して歪みが出てきている傾向を見てきたが、その歪みはとくに女子に顕著で、強い痩せ願望が、何らかのストレスやフラストレーションの存在と強く結びついている可能性が見られる。

人はなぜ見た目を気にするのだろうか。服や髪型に気を配り、アクセサリーで身を飾り、化粧をするのは、昔から人々がしてき

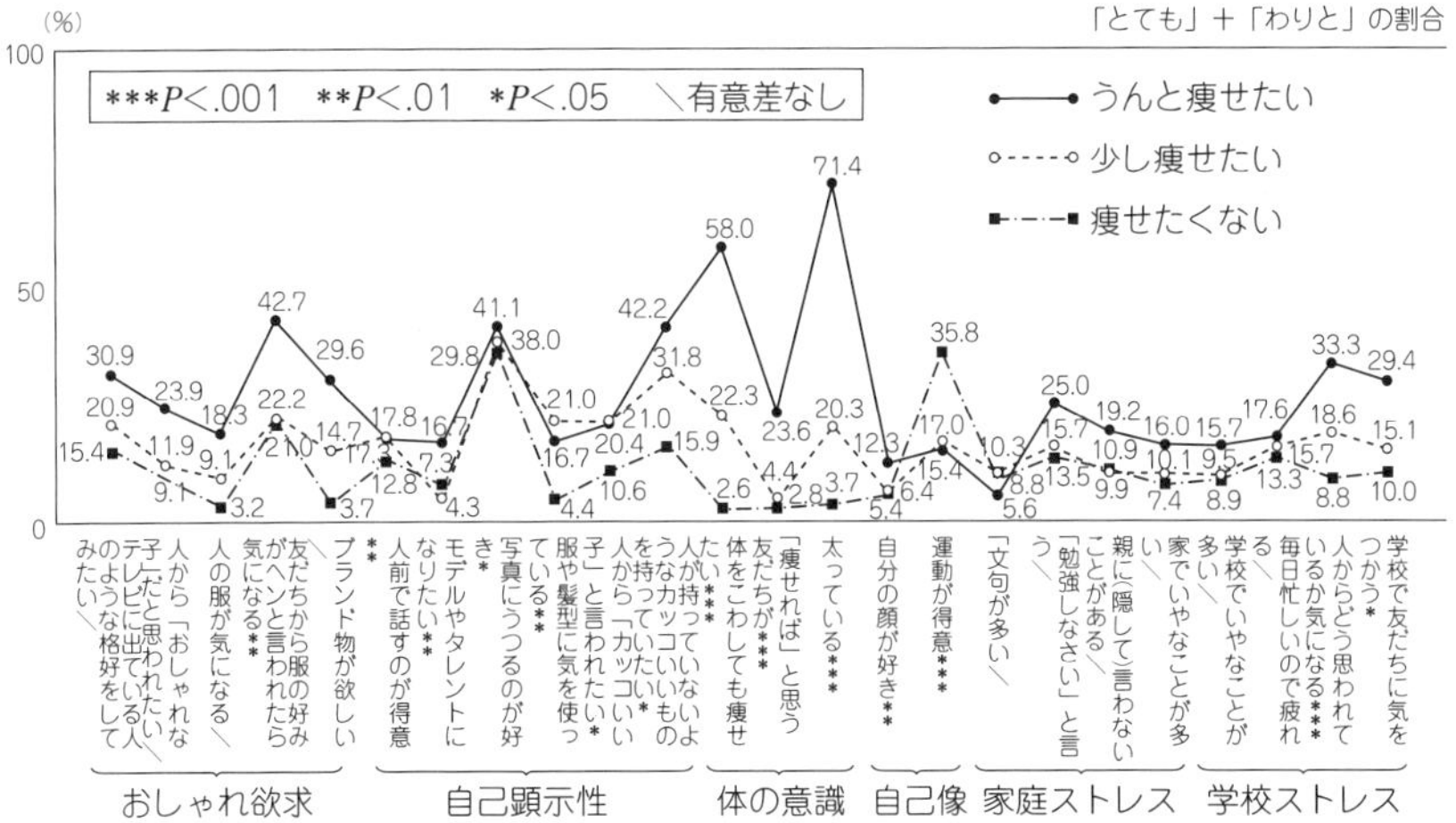

●図4-5　痩せ願望と子どもの特性（男子）

たことだった。それは自分の現状に不満で、新しい自分を作りだそうとする自己改造への意欲のあらわれと考えられる。しかし、おとなの場合にはそのようなポジティブな評価を下せても、発達途上にある子どもの場合、過度な見た目へのこだわりは決して望ましいとは思えない。子どもは若い生き物らしく、もっと素朴で率直で、自分の容姿よりも広い外の世界に関心を抱き続ける存在であってほしいと願ってはいけないだろうか。

2節　援助交際

1　女子高校生の主張

高校生の援助交際がマスコミで大々的に報じられ始めたのは、一九九六年の秋であった。ちょうどルーズソックスに代表される「だらしな系」のファッションが流行した時期であった。細眉、黒っぽい唇、それとちぐはぐな野暮ったい「制服」のスカートを駅のホームでたくし上げて超ミニにする高校生たち。女子高校生への社会的関心としては、制服図鑑が売れたり、テレビではおニャン子クラブが人気を博したことがあったものの、それはまだ一部の女子高校生の問題だった。高校生は男子にせよ女子にせよ、すでにおとなに近い成熟した者たちなのに、社会的にはまだほとんど視野外に置かれていた集団だった。しかし、ルーズソックスを身につけ始めた女子高校生は、自分たちの存在を主張し始めた。あの制服と化粧の下で、彼女たちがどんな欲求をもち、何を考え、何を主張しようとしているのか。人々は初めてその存在に気づいたとも言えよう。同じ頃に「援助交際」の語がマスコミにのって、あっという間に世間に広がった。

一九九七年二月から、各種新聞、週刊誌、月刊誌はそろって「援助交際」に代表される女子高校生の性的無軌道ぶりを報じた。この年に東京都生活文化局が行った青少年調査の中には、援助交際の経験者が4%という報告がされた。一九九七年夏に筆者と三枝、小原が行った調査[☆2]では、東京と埼玉の女子高校生の中で援助交際の一回以上の経験者は4・4%であった。

2 援助交際はなぜ悪いのか

援助交際問題を前にして、生徒に向き合うとき、いちばんのむずかしさは「援助交際はなぜ悪いか」または「援助交際は果たして悪いことなのか」の問いに、どう答えるかではなかろうか。

これはおとなの売買春とも共通した問題である。日本に売春防止法ができたのは昭和三十二年だったが、それも管理売春(他人の売春を利用して自分が収益を得る)を罰するだけで、売春そのものは相手がおとなら、発見されても、売った本人はむろん買った相手方も罰せられない。もっとも売春の現場を押さえることがむずかしいので、立証主義が保証されないことにもよるのだろう。しかし人はさまざまな労働をして収入を得ているのに、なぜ性だけは売ってはいけないのか、うまく説明ができない点もあるかもしれない。現にフェミニズムの立場の人々の中には、セックス・ワーカーだけがなぜ差別されなければならないのか、本人の主体的選択によるものなら、選択の自由を尊重して社会的に承認されるべきだと主張する人々もいる。

高校生では、「援助交際をする人は、だれにも迷惑をかけていない。本人も相手も利益を得るのだから、非難すべきでない」と主張に賛同する者も多く、それを否定する論理を組むのはむずかしい。ちなみに一九九七年に筆者らが行った高校生調査[☆3]では、この問いに「とても・わりと・少しそう思う」とした者は女子・男子とも6割近くなった（表4－1）。

また、もっと直接的に善し悪しを聞いてみても、表4－2に見るように「とても悪い」とする者は、女子でも69％、男子では55％であり、他の道徳的判断と比較すると判断にばらつきが見られる。いいか悪いかを超えて、とどのつまりは当人の美意識による問題なのかもしれない。

また、援助交際を悪いとする女子高校生に、理由を聞いてみたのが表4－3である。

しかし、これでは現場で高校生を指導する先生は困るだろう。静岡の高校教諭が、元新宿婦人相談所兼松佐知子氏の資料をもとに作成した「援助交際の危険十項目」は、次のようになっている。

〈援助交際の危険十項目〉

①　金銭感覚が麻痺する
②　援助交際を途中でやめられなくなる
③　健康を害する（性感染症ＳＴＤ、望まない妊娠など）
④　身近な人との関係が悪くなり、孤立
⑤　こつこつ努力ができなくなる
⑥　危険な人とのつながりができやすい

●表4-1 「本人の自由」の主張への賛否

「援助交際をしている人は，だれにも迷惑をかけていないし，本人も相手もいいのだから，非難すべきでないという意見について，どう思いますか」

(%)

	とても そう思う	わりと そう思う	少し そう思う	あまり そう思わない	全然 そう思わない
女子	6.1	19.4	31.8	26.9	15.8
男子	12.2	15.6	30.4	24.4	17.4

●表4-2 援助交際は悪いか

援助交際は高校生としてどのくらい悪いことか

(%)

	とても悪い	少し悪い	悪くない
女子	69.1	22.9	8.0
男子	54.6	28.4	17.0

●表4-3 援助交際はなぜ悪い

(%)

とても・わりとそう思う者	
将来好きな人ができたとき後悔する	78.2
気持ちがすさむ	78.5
金銭感覚が麻痺する	71.5
犯罪に巻き込まれる可能性がある	76.1
異性とふつうの感覚でつきあえなくなる	73.5
道徳に反する	69.8

⑦　麻薬に染まることが多くなる
⑧　男性不信に陥る
⑨　豊かな性を築けなくなる
⑩　絶望と無気力な人生を送りがちになる

しかし、この中で高校生が本当に「危険」として同意する項目は、③健康を害する（性感染症ＳＴＤ、望まない妊娠など）だけではなかろうか。それ以外は本人の態度の問題であり、若い層には多分に説得力を欠くと思われる。ＳＴＤや妊娠の危険性すらも、コンドームを使用することで防げると高校生は楽観する。

それらを受けて「援助交際をさせないために、高校生にどう説得するか」を一九九七年に、教育系大学生の性教育の授業の課題にしたことがある。一、二年後には教壇に立つ学生たちは、どう十項目について理屈を考えたか。

結果は「①から⑩はすべてその人自身によるので、援助交際は危険だとする説得力はもたない」との意見がほとんどだった。新しい説得の仕方を探させてみたが、「親を悲しませる。援助交際をする子どもを育てようと、親はあなたを育ててきたわけではない。たとえ親の価値観に誤りがあろうとも」があっただけで、この問題について、理屈で高校生を説き伏せようとすることのむずかしさがわかる。

しかも、「親の恩に反し、親を悲しませる」から子はすべきでないとする意見は、一般の高校生に説得力をもつだろうか。国立大学に入学できた資質と家庭環境を与えられ、親への感謝を備えた層の心情からにすぎないので、そうでない環境に生まれ育った高校生には通用しないのではないか。

高校生の援助交際を題材にした村上龍の『ラブ＆ホップ』[☆3]の中で、十二万八千円のインペリアル・トパーズの指輪を見て、買いたい衝動に駆られた主人公は、初めて援助交際をしようとホテルに行くが、相手に説教されて未遂に終わる。その時の相手は変態だったが、主人公の裸を前にして、こう言うのであった。

「こんなことしちゃだめなんだよ。名前も知らないような男の前で裸になっちゃだめだ。それを知ったらすごくいやがる人がいるんだ、だれにだって、必ずいる。そいつが一人でいるときに、悲しくて辛くて泣きそうで一人でいる時に、そんな時に、そいつの大切な女が、男の前で裸になってるって知ったら、どんな気分だと思う？（後略）」

しかし、この部分についても宮台真司[☆4]は言う。「この映画は（こうしたとき）自分には『死ぬほど悲しんでくれる人』が存在しないことをしみじみ思い返し、その『悲しむ人』がありえない以上、援助交際をつづけようと（援助交際をする子たちの）確信犯ぶりを強めるに違いない」と。確かに現在に、また将来の予測として、そうした相手を確信できなければ、このせりふも有効ではなさそうである。また、そうした信頼できる人をもっていれば、援助交際に走らないかもしれない。

ちなみに、先のデータの中で、高校生たちは自分の逸脱行為に対して、将来の相手が非

●表4-4　将来結婚しようとしたとき，相手の男性に援助交際をしたことがわかってしまったらどうなると思うか

（%）

1. 愛していれば，過去のことは問題にならないだろう	56.3
2. 結婚しても2人の間は，うまくいかなくなる可能性が高いだろう	36.9
3. 愛していても，(相手が)結婚をやめるだろう	6.8

常に寛大であるとの予想をしている。そうしたうす汚れた行為をする相手は、イメージするだけでも嫌だとする「凛とした愛」は、いま存在しないのかもしれない（表４－４）。

ちなみにもう一つの設問の結果も掲げよう（表４－５）。これも同様である。

つまり今、子どもたちには性の商品化を「嫌だ」とする感覚が欠けているように思われる。自分の性も相手の性をも、もう少し潔癖に考える若者はいないのだろうか。

3　人にとっての性

援助交際まで一足飛びにいかないまでも、高校生にとって性的な行動は、高校生の身分からの逸脱として、非行視すべき行為なのだろうか。かつて「不純異性交友」の語が、簡単に使われていた時代も長かった。生徒は「性的存在」であってはならないのだろうか。この答えは文化が決めることであろうが、今それを問わなければならない時代がきている。高校生の性行動が非であれば、援助交際はもってのほかということになる。この点をどう考えるか。

もともと性には次のような意味がある。①生殖のため、②快楽のため、③触れあい（他者への関心）、④利益を得る、⑤相手を支配する。

動物はこのうち、①生殖のために性的欲求が体内にセットされているが、人は生殖と性を切り離すことに成功した。文化的社会的存在の人間にとって②～⑤が主要な性の意味であろう。

とりわけ最近のように、他人とのこころの絆が結びにくくなっている時代に、もし性の欲

●表4-5　その人がお兄さんの結婚相手だったら，あなたはどう思うか

（%）

1. お兄さんがよければ，全然構わない	88.5
2. お兄さんがよくても，できれば結婚をやめてほしい	9.5
3. お兄さんがよくても，断固反対する	2.0

求がなかったとしたら、人への関心は大幅に失われる。人にとって異性は二人に一人の割合で周囲にいる、魅力的な存在だからである。また性によって相手が自分にとって必要な存在、自分が相手に必要とされる存在であることも確信できる。もし人類が同性だけだったら、人への関心は減り、人と結びつく力も弱まるだろう。

若者が性的な欲求に支えられて、異性への関心をもち、配偶者の選択をすることを考えると、若者の活発な性行動をポジティブに評価したいものと考える。高校生もその例外ではないはずだ。

性が子どもにとって危険な欲求とみなされたのは、避妊の方法をもたなかった時代の中で発生したものではなかったか。しかし残念ながら子どもの性体験は、妊娠、育児、学業や職業の中断の危険性をも伴う行為である。テレビの人気学園ドラマ、『三年B組金八先生』のエピソードでも、杉田かおる演じる中3の女子生徒は、周囲から理解され、保護を受けて出産したが、高校進学は断念せざるを得なかった。現在まで日本の高校で妊娠した女子生徒が通学しているケースを聞いたことはないし、まして出産した母親が通学している話も聞いたことがない。とすれば、高校生の性をタブーにしなければならないのは社会的に仕方がないのかもしれない。

しかし、人生のうちでいちばん性的な欲求が高まる時期に、高校生の性を抑制することはいかがなものか。現に日本性教育協会の調査では、高校生の性体験率は年々高まっているという現実がある。しかし十分な性教育も受ける機会をもたず、常に女子の側に妊娠、出産、子育てというリスクを負わせる宿命の下での性体験率の上昇は、歓迎されるべきではない。100％確実な避妊方法がない以上、アメリカのように、女子生徒の妊娠でも十分な教育が受けられ保護されるような制度が考えられた後での性の許容であるべきだろう。

フリーライターの宮淑子☆5は言う。「望まない妊娠のツケを背負うのは女性なのだから、自分の身体を自分でコントロールできる知識や情報を持った上で、性の相手を選ぶこと。もし、つまずいたり、何かのリスクを背負ったら、安全な医療や福祉の援助を受けられることなどを、おとなたちは伝えて行くべきだろう」。

若い世代の性行動が活発化している現状にもかかわらず、女子生徒は、相変わらず大きなリスクを背負いながら、自分の性を確かめている。もっと十分に性知識と避妊の仕方を教育し、また不幸にして避妊の失敗のような事態に陥ったときも、中絶という形で終息させることのないように、たとえば妊娠しても学業の達成が可能になるような、福祉的な社会システムが整えられることを願うものである。

4　高校生と援助交際

援助交際はかなりの確率で売春であり、またはそれに傾斜する可能性をもったアルバイトである。彼女たちがなぜ援助交際をするかは、フリーライターの速水由稀子☆6が、多くの取材から次のようにまとめている。

〈援助交際をする動機〉

①　親の過度な干渉や家庭不和による、むしゃくしゃの解消と家庭脱出願望

② 失恋の痛手によりヤケ
③ 純粋に金のほしいバイト感覚
④ 相手に束の間の受容を求める居場所探し

このうちで割のいいバイトとする③は別として、家庭不和等からくる居場所探しや挫折体験の穴埋めで、彼女たちがリスクの多い援助交際に走らなければならないとしたら、それはおとなが責任を負うべきことだろう。心に空いた穴を埋める作業には、もっと安全で建設的で楽しいやり方がいくらでも可能なはずだからである。

速水氏[☆6]は「魂に悪い家族にとどまっているより、自己選択を踏んでいる分、ウリをやって街に居場所を見つけるほうが、精神的自立を促す自己救済の手段として有効と感じる子たち」がいることを指摘している。

しかし、速水氏の評論を含めて、フェミニズムの立場の人々や評論家たちの指摘は、理念としてはまったくその通りでも、今の日本の子どもたちの性の現状からは、ややかけ離れたものに思われる。筆者らの前掲の調査[☆2]でも、援助交際の体験群と非体験群に分けて比較すると、援助交際の体験群は、①親から信頼されていない ②親とうまくいっていない ③親が子どもに無関心で、すぐ小遣いを渡し、逸脱行為（タバコ、酒、外泊、パチンコなど）にルーズだという結果がある（表4－6、表4－7）。

つまり、まだ十分に親からの庇護を必要とする年齢で、親子関係に問題があり、さらに親のコントロールもゆるいと、子どもは「親が自分を必要としている」「親が自分を大事に思っている」という確信がもてない。それが心に穴をあける。その穴を埋めるべく「自分が相手から必要とされる」ことの確認がほしくて援助交際に走るのではなかろうか。確かに「性」は強力に相手から求められる自分を確認できる行為であろう。

何よりも望ましいのは、松本清一氏[☆7]らが『性の自己決定能力を育てるピアカウンセリング』の中で指摘されるように、青少年の中に性をきちんと受けとめる態度が育成され、友人たちの性のあり方にもいい意味でピア・プレッシャーが働くような文化が成立していることであろう。

●表4-6　親のタイプ×援助交際の体験

（%）

	体験群		非体験群
1. 困ったときに，頼りになる	50.0	<	59.0
2. お小遣いが足りないとき，たいして理由も聞かずにくれる	39.5	>	22.6
3. 子どものウソにだまされやすい	35.1	>	17.7
4. 子どもの気持ちをわかってくれる	42.1		40.4
5. 門限やきまりに厳しい	21.1	<	38.6
6. 子どものしていることに無関心	18.4	>	6.5

「とても」＋「わりと」そうの割合

●表4-7　子どもの逸脱行為に対する親の態度×援助交際の体験

（%）

	体験群		非体験群
1. テレクラでアルバイトをする	23.7	>	2.6
2. 援助交際をする	34.2	>	3.5
3. 無断で外泊する	39.5	>	9.2
4. タバコを吸う	56.7	>	16.0
5. パチンコをする	86.5	>	44.9
6. つきあっている相手とセックスする	84.2	>	56.1
7. 友だち同士でお酒を飲む	91.9	>	56.0

「あまり叱らない」＋「何も言わない」割合

その上で自己の性が、限りなく個人の条件と未来をふまえたよき選択に委ねられることが望まれるところである。

日本の青少年の性の現状は、貧しく不幸せである。自分の性を確認する作業が、心の穴や家庭的不幸をカバーするためのものでなく、一人ひとりの人生の質を高める行為につながるものであってほしいと願わずにはいられない。

3節 不登校問題

不登校は現在最大の「困ったちゃん」である。とりわけ中学生の不登校は年々増加して、ついに十四万人に近づいてしまった。

この問題がなぜ起きるかは、何冊の本の紙面を費やしても足りないであろう。そこで、ここではこの問題行動が六十年の歴史の中で、どう呼び方を変えてきたかを見ていくことで、他の問題にも同様なのだが、症状と原因の多様化を見てみたい。

1 「学校恐怖症」からのスタート

この問題が初めて文献に現れたのは一九四一年、アメリカでのことだった。

心理学者のジョンソンが当時、「怠け休み」と見なされていた子どものケースを調べているうちに、神経症的な症状を示す子どもたちを発見して「学校恐怖症」と命名した。高所恐怖、先端恐怖、閉所恐怖のような神経症の一つと考えたのである。

しかしこの語はやがて、「学校嫌い」、「登校拒否」、さらに現在の「不登校」に変わっていく。神経症的な症状を起こして「登校しない・できない子」以外にも、それほど病理的でないメカニズムをもつ子どもがいて、恐怖症とみなすことに疑義が出てきたためだった。一九五八年には海外でも「登校拒否（school-refusal）」の語を使った論文が発表されている。

日本でのこの問題の報告は一九五九（昭和四十四）年ぐらいから始まったが、ごく一部の研究者や臨床家のアンテナにひっかかる程度だった。面白いことに当時は六大都市からその発生が始まっていたのだった。また男子に多いとも言われていた。筆者は筑波大学の助手として、先輩の研究者たちと科研費を交付されて、この問題について走りの研究を手がけ、「①男子に多い、②母親像が強大で父親の影が薄い家族に出現する」傾向を見出した。「母親支配型」の家族の中では、男子がスポイルされるという仮説も検証しようとした。それは間違いではなかったが、しかしこのあたりから、日本の女性の地位が向上し始めて、どこの家庭でも女性が強くなってきた傾向もあったのではないか。

日本で初め使われていた「学校恐怖症」の語は、海外にならって一九七〇年以降は「登校拒否」が一般化していく。初めは「学校嫌い」という名称を使用していた文部省も、一九九〇年には「登校拒否（不登校）」の表記に踏み切った。これが特殊な問題ではなく「どの子にも起こりうること」であると説明を加えたことは、よく知られている。さらにその後ネームはまた代わって、「不登校」となった。

この語がこのような看板の書き換えをしていったのには、発症メカニズムが多様化したことによる。

「怠け休み」の研究から、神経症的な症状をもつ長期欠席者を発見してつけられたのが「学校恐怖症」だったし、この問題の発生メカニズムを「母子関係の中で子どもが母親からの自立を達成していないために分離不安が起きて、家庭に逃げ帰ってひきこもる」という「母子分離不安」説も当時盛んだったが、その後ケースを検討していくと、さらにさまざまな発症要因をもつケースに出会うことになった。発症要因にも、万能の自己像が学校では維持できないために家に引き返す「自己像説」とか、「優等生の息切れ説」が唱えられ、また一九九〇年には文部省による分類も「学校生活に起因する型」「遊び非行型」「無気力型」「不安など情緒的混乱の型」「複合型」「その他」などと、不登校が多様な原因から起きることが知られるようになった。ただしこの分類がいいとか代表的だとか言うつもりはない。多くの人が不登校の分類をさまざまな角度から試みたが、現在でも万人に納得のいくものは作られていないし、また実際的な使用に耐えるかどうかもまた別である。ここでは分類に確定項が見出せないほど、不登校はさまざまな原因で起こることをふまえておきたい。

これと関連してわが国では、昭和四十年代後半くらいから、ひそかに「いじめ」が発生し始めていた。「いじめ」を受けて学校から退却し家へひきこもるケースも多いこともしだいにわかってきた。「学校生活に起因する型」がそれであろう。その他、単に集団に馴染まない子、耐性が低くて長い時間の授業に耐えられない子、学校の価値の否定から発する意志的に登校しない子など、「学校へ行かない、行けない」点では共通だが、その原因やメカニズムはまさに多様で、対応も援助も一様ではすまなくなってきている。

また、個人の中に問題があるとする病理としての見方から、学校システムそのものに問題を指摘する見方もでてくるなど、百家争鳴の状態は今も続いている。

こうした状況の中で、なお増え続ける不登校に現場も行政も様々な対応策を講じている。行政の対応としては、平成七年から、学校へのスクールカウンセラーや心の教室相談員（地域によって呼び方は種々である）が配置され始めた。それ以前にも、昭和六十三年頃からは、各地に「学校生活への復帰を支援するために、個別カウンセリング、集団での指導、教科指導等を組織的、計画的に行う組織」としての「適応指導教室」の設置も始まり、平成十一年度末には九〇〇近くの教室が設置されている。

また学校側は、保健室に子どもを登校させて支援を図り、「保健室登校」の名もお馴染みとなったし、保健室には行けないが音楽室や校長室にいる子もいて、「別室登校」という言葉もできた。またNHKの調べ（平成十四年十一月）では、少子化による空き教室を利用して、保健室ではなく「学校内特別教室」を設ける試みも、全国の7割の県に置かれ始めたという。しかし、適応指導教室ですら、そこに通う子どもは全体の一割程度とされ、解決にはほど遠いのが現状である[☆8]。

2　ひきこもりの発生

子による親への家庭内暴力という、極めて日本的なドメスティック・バイオレンスが、不登校から発生することが多いことは知られているが、最近では「ひきこもり」が注目を集めるようになった。たとえば精神医学者の斎藤環氏[☆9]は、日本のひきこもり人口を百万人と推定している。たかが学校へ行けないくらいでは、一時的なダメージはそれほどでなくても、社会からひきこもって暮らす歳月が長期化すると、当然人格の成熟が停滞する。

筆者の担当している二十七歳の青年のケースは、高校1年生で不登校を起こして、もう十年間もひきこもっている青年である。不登校の始まりは、中3の時に父親が交通事故で亡くなって、そのショックから高校入試の準備がうまくいかず、成績はわりと上位だったのに、不本意な高校に入学した。初めのうちは、陸上部に所属して熱心に部活をしていたが、夏休みが終わる頃「あんなバカと一緒にやってられない」と学校へ行かなくなる。しかしそれからひきこもりのまま歳月が流れ、「あんなバカ」たちは大学に入ったり、就職して、結婚もして、皆が一人前になった。社会生活を経験しないと当然社会性は身につかないし、人格の成熟も遅れる。今の彼には中学時代快活なスポーツマンで、成績のいい生徒だった面影は全くない。

このケースを担当するまで筆者は「学校なんて、行きたくなければ行かなくていい。別の人生がある」と、親が一時的に腹をくくることが、実は早期の登校再開につながると思ってきた。考えてみると、筆者自身が学校をどこかで第一の価値としていて、学校への復帰を早める戦略の一つとして、学校に行かないことを許容するように親に助言していたのかもしれない。

しかし不登校から始まって長期化した「ひきこもりケース」を担当していると、「学校へ行くかどうかは本当に〈些末なこと〉で、そこにこだわって、子どもを大きく挫折させてはならない」と心から思うようになってきた。人はふつうの人と同じ歩調で社会生活を営み、自分の働いた収入で生計を維持していければいいので、学校は、行くことができれば行った方がいいと、その程度の場所にすぎないのではないか。

不登校への対処も、今までは学校復帰をめざしすぎていたきらいがあるように思う。人生には多様な選択肢があり、小さくつまずくことはあっても、大きくつまずかせない援助が子どもに必要なのだと、改めて思っている。

3 明るい不登校の出現

「明るい不登校」という言葉を聞くようになった。学校へ行かないと言って相談室へ連れてこられる子の中に、高校進学に必要な学習塾だけには行くとか、通訳になるために英語の塾にだけは行く、などの子が出てきている。昔のように、完全な「ひきこもり」を主症状とする、いわば病理の影をちらつかせているような「暗い不登校」ではない。学校だって気が向けば、ひょいと顔を出して先生と話したりもする。聡明で、明るく、いい子たちが多いとも聞く。彼らはクラスという、あの独特な集団の雰囲気の中で学ぶのが嫌いなだけなのだ。嫌いというより、性に合わないといったほうが適切かもしれない。

軽度の発達障害と呼ばれ始めたＡＤＨＤや自閉傾向のある子を見ていると、最近のわが国には、現代のライフスタイルの中で成長した「集団に馴染まない子」が生まれ始めたことを感じる。そのいちばん端っこぐらいに、集団から圧迫を受けるのが苦手で学校に行きたくない「明るい不登校児」が位置するのかもしれない。わがままだと言えばそうも言えるが、でも万事多様化の時代に、集団で学ぶのが好きな子と嫌いな子がいても、不思議ではないだろう。

学校へ行かないことで、懸念されるのは、社会性を身につける場がないことかも知れない。しかし

「明るい不登校児」は好きな場所（集団）には堂々と行くのだから、社会的成熟を遂げるだけの機会が用意されている。心配する必要はない。

とりわけ今は、学力をつけるためだけだったら学校へ行く必要がない時代になってきている。自分に合った学習形態がいくらでも選べる時代である。塾も、参考書も、ＴＶもあれば、アメリカで流行のホームスクールだって、やがて日本で始まるのではないか。

アメリカでは、かなり昔から宗教上の理由でごく小数の敬虔なクリスチャンがホームスクールを選んでいたが、今は宗教を離れて、全ての州で、こうした学校が合法化されている。ホームスクールで学ぶ子どもたちは、ホームスクーラーと呼ばれ、連邦教育省の発表では、九九年の時点で学齢期の子どもの1.7％（全米で八五万人）が、ホームスクーラーだという。

日本では、現在は親が積極的に自宅で教育を行うこと（ホームスクール）は認められていない。しかし怯むことはない。集団から圧迫を受けたり、集団に縛られることが性に合わなくて、学校へ行っていない子は、時代の先端として、事実上のホームスクーラーを選んでいると考えればいい。

大都市での不登校はそれほどではないが、今でも小さい地方の町に行くと、不当校児はともすれば地域の人々から「あの家の子は、不登校なんだってさ」と囁かれ、非行を犯しているかのような眼差しを注がれて、外にも出られない状態に追いやられている。好んでする「ひきこもり」ではなく、世間に圧迫されて引きこもらざるを得ない状況に置かれている。

しかし「集団に馴染めない子」の一体どこが悪いのか。これからは、様々なタイプの子どもの学びの場として、もっと多様な規模や形態を備えた学校があってもいいのではなかろうか。ホームスクールの運営は親の負担が大きいのが難点だが、それに近い公私立の学校や教室がもっと用意されていいのではなかろうか。最近は先生（指導員）が出前で学びの援助をする訪問カウンセラーの制度も立ち上げられている。

後日、職業選択の時に自分に向いた職種が選べれば、「明るい不登校」児には、現在・将来ともに何の心配も不都合もないのである。

そうした意味で不登校児は、いわば日本の学校の姿を変える火付け役を果たそうとしている者たちかもしれない。不登校児よ、もっと自信と誇りをもってほしい。そして親も先生も臨床家も、不登校が始まった時には「暗い不登校」ではなしに「明るい不登校」児にすることを、対処の目標にしたらいい。これが何よりの、不登校対応策ではないだろうか。

4節 「いじめ」

1 減っていない「いじめ」

各種の統計によれば、「いじめ」はひと頃より発生件数は少しずつ減少してきている。しかし発生件数がピークだった頃は、子どもはこれをゲームの一つとしてエンジョイしていたふしもあったので、それが発生件数を押し上げていたのであろう。だれが発明したのか知らないが、確かに「菌ごっこ」の類は面白いゲームであったと思われる。しかし学校側の指導で、さすがに菌ごっこは姿を消した。

その他にも「臭い」などと言ってはいけないなど、形の上で指導できる部分は指導がされてきていると思われる。しかし、もともと人の心の弱さというか、醜い感情から発する行為が「いじめ」の正体であり、その種類の「いじめ」が力づくの指導で抑えられるはずがない。

だから懸命な指導の割には件数は減っていない。妬みや侮りなど〈心の深淵〉から生まれた暗い感情に発する「いじめ」は、減るどころか増えているのかもしれない。

2 ある学生の回顧

以下はある学生の体験だが、「いじめ」を考える際に極めて示唆的な意味を含んでいる。文中に「ケンカや意地悪」「いじめ」「いじめ非行」の語が出てくるが、筆者の授業を受けて書かれたものなので、その解説は後にしよう。


私は都会の小学校から田舎の小学校へ転校した経験をもっている。

田舎の小学校は、ほのぼのした学校だったから、「いじめ」はあったものの、いわば古典的「いじめ」だった。「ケンカや意地悪」はあったが、ゲーム的な「いじめ」はなかったし、「いじめ非行」は一部の子だけで行われていた。

その「いじめ」が不条理だと思ったら、必ずだれかが「もうやめるべ、かわいそうだっぺよ」と言う者がいた。つまり子どもの中でルールがあり、それを破った者がいじめられるのだが、それは子どもどうし、納得のうえの制裁だった。その制裁がある程度行われれば、「もうこんくらいで許してやるべ」というブレーキが、どこからともなくかかるのだった。

私はどちらかというとリーダーだったから、その「このくらいだな」を判断する役が多かった。審判とでもいうのか、偉そうな役である。でも私がルールを破れば、私にも遠慮なく制裁はくだされた。田舎では運動のできる子が制裁を加える。

その前にいた都市の小学校は、高学歴者の子弟が多い学校だった。そこでは田舎とかなり違った「いじめ」が行われていた。理由のない「遊び型」のいじめ、即ち現代型の「いじめ」があった。ルールを破った者でもないのに、ただ少し勉強ができなかったり、人よりペースの遅い子がターゲットになった。そしてだれも止める者がいないのも特徴だった。

その「いじめ」の内容は、靴、ノート、鉛筆を隠す、仲間外れにする、無視するなどだった。ここでは田舎の学校で「卑怯だっぺな」と言われるものが、平気で行われていた。そしてそれをするのは頭がいい子が多かった。田舎の学校では運動ができる者が制裁を加えたものだったが。

私の経験からは、理由がはっきりしているいじめは後を引かない。

たとえば、嘘をついた、先生のご機嫌を取った、ずるいことをした、などの理由のあるいじめは、本人がそれに気づいて謝ったり直したりすれば、子どもの中で解決した。

理由のないいじめ「(見ていると)むかつく、いらいらする」という根拠のないものは、そうでない。生け贄が一人いればいいことになる。そして自分が生け贄にならなければいい。そこに終わりのない悪質な「いじめ」が発生するのだ。

昔は、地域によって、ある種の文化差があった。たとえば不登校も、昭和三十年代に始まった頃は六大都市から発生し、田舎ではまだ片鱗もなかった。田舎にあったのは、素朴な「怠け休み」「ずる休み」だった。

たとえば筆者が幼い頃疎開していた東北の田舎では、「山学校」の言葉があった。親の作ってくれた弁当を持って家を出るが、学校へは行かず、仲間と山へ行って遊んでくることだった。朝、担任が出席をとったときに、子どもの中から「〇ちゃん、山学校してるっぺ」の声がしばしばあった。怠け休みは昔から子どもの得意技の一つだったのかもしれない。しかし「学校へ行きたくても行けない」などの神経症的な、いわば「高等な不登校」は、なかったのではないか。

しかしその後、不登校はあっという間に各地に広がり、気がついてみたら、あまねく津々浦々、不登校生徒のいない学校はなくなっていて、最近ではついに十四万人に近づいてしまった。今は子どもの起こす問題に都市と田舎の地域差はわずかなものになっている。

この学生の指摘は、十五年前の同じ時期に、田舎には伝統型の「いじめ」があり、都市にはすでに今日的な「いじめ」が発生していたことを示唆する。前者は子ども集団に自治があり、健康性の高い集団だった時代の「いじめ」で、後者は今日、いたるところに根を下ろした「遊び型」の卑怯な「いじめ」、本人に責任のない「いじめ」が発生し始めた姿であろう。しかし、このレポートを読む限り、当時の「いじめ」のターゲットは、ゲーム性があるものでも、「勉強ができない、運動が苦手、人よりペースが遅い」など、社会的弱者に対する「弱いものいじめ」だったように見受けられる。しかし今は、それがさらに悪質化し、ターゲットに「目障り」な子が加わってきているのには、子どもたちの心の荒れを見る思いがする。

3　いじめを手がけるときに

「いじめ」に対処しようとする時に必要なのは、いじめを「本物のいじめ」と「（いじめ）もどき」と「非行」に分けることであろう。それぞれのタイプで意味も違うし、対応の仕方も違うからである。

子どもの攻撃行動をすべて「いじめ」ではなく、①「喧嘩や意地悪」、②「いじめ」、③「いじめ非行」に大まかに三つに分けて考えよう（表4－8）[☆10]。

①の「喧嘩や意地悪、からかい」はどの子もかつて通ってきた道で、自分と相手のどちらが正しいか、決着をつけるための行為（喧嘩）や、相手と関わりたいためにする「からかい、ふざけ」のような意味をもっている。つまり後日に必要な、人との関わり方の練習のようなものと考えよう。こうした行為をくり返しながら、子どもは成長していく。

③の「いじめ非行」は、いじめというより「非行・犯罪」と分類したい。表の内容の欄を見ても、かつあげや暴力など非行そのものの行為が並んでいる。

いじめで自殺者が出るのは、このタイプの行為で、ふつうのいじめでは死に至ることはないのがふつうである。

そして表中央の②「いじめ」は、これこそが日本で多発しているいじめの正体である。

ギャング・エイジの子どもたち、つまりおとなに対抗する智恵がついてきた段階の子どもが、最近の環境の悪化の中で起こしている問題行動と言えるだろう。言葉を変えれば「新しい心理的校内暴力」である。日本の子どものおかれた生育環境と子どもの成長上の歪み、子どもの発達的特性、日本文化、子ども集団の性質その他が交差して生まれた鬼っ子とみることができそうである。

●表4-8 「いじめ」とその周辺行為の分類

〈分類〉 ①喧嘩や意地悪 〈いじめもどき〉	②「いじめ」 〈新種の（心理的）校内暴力〉	③いじめ非行 〈非行・犯罪〉
（①から②、②から③への移行もしばしば起きる）		
〈メカニズム〉 健康な動機から ・問題解決の手段 ・関わり欲求から生じた行為	動機が不純 ・自己中心的行動	
〈健康性の観点で〉 ・健康な攻撃性	・不健康な攻撃性	・非行・犯罪
〈特徴と意味〉 ・日常的で発達的	・ゲーム性 ・うっぷん晴らし	・非行集団またはそれに ・近い集団による行為
〈発生〉 ・どの社会にも、 いつの時代にも	・日本に多発し、 特徴ある様態を示す	・どの社会にも，いつの 時代にも
〈種類〉 ・喧嘩・意地悪 ・嫌がらせ・ふざけ ・からかい ・いたずら	・菌ごっこ ・悪質な悪口 ・無視・仲間外れ ・嫌がらせ ・落書き・モノ隠し	・かつあげ ・暴力 ・パシリ ・物を壊す ・嫌がる事の強制
（単発的行為）	（長期に持続する行為）	
〈主な発生時期〉 （幼・小）	（小学校）	（中学校）
〈なくせるか〉 ・なくせない （もっと体験を）	・なくせる・ なくす努力を	・なくせない
〈対象になる子の特徴〉 ・だれでも ・場面に規定される	・社会的弱者と目障りな者の排除 第Ⅰ因子　弱者 第Ⅱ因子　目障り	第Ⅲ因子　劣等 第Ⅳ因子　ハンデキャップ

とすれば、その鬼っ子の発生してくる土壌のようなものを探ってみなければならない。根本的に「いじめ」の土壌を改善していかなければ、いじめは決して減らないだろう。

4 なぜいじめるか——そのメカニズム——

子どもが、おとなからどんなに非難されてもいじめをやめないわけは、彼らが「言い分」をもっているからと考えられる。

① 少ししか悪くないから

そう思っているところが問題だろう。

② 正義のためにしている行為だから

○○君が悪いから、罰するためにしていることである。その理由は見当違いだが、子どもの中には動作がのろくていつも皆に迷惑をかける子を、いじめのターゲットにして罰してやれば、少し反省するかと思う子もいるのだろう。

③ スリルがあって楽しいから

もっと健康なスリル、わくわく、ドキドキを知らない子どもたちの姿は、おとなの責任である。

④ 仲間と連帯できる安定感から

日本人は、社会性が低い。個を維持し主張しながら、相互作用の中で他と連帯することが、西欧的な社会性である。しかし日本文化の中の社会性とは、個の主張を抑えて限りなく「相手と同化すること」である。自分を殺して、相手と同一歩調をとらなければ、集団から排斥される。かつては我が強くて個性をぶつけ合っていた子どもの世界にも、最近は、そうしたおとなの文化の影響が及んでいる。

「いじめ」が悪いことを知っていても、メンバーはなお集団に同調する。

⑤　クラスの平和を護るために

とりあえず、自分がいじめられないためには、他人をいじめていればいい、という困った論理がある。

⑥　自分のランクを上げるために

競争が激化するなかで、だれもが自分のランクを上げたいと願って努力しても、なかなかランクは上がらない。とすれば、せめて「いじめ」によって、人より優位に立つ快感を味わいたいと子どもは考える。「目障り因子」が働く「いじめ」は、そのための行為であり、白雪姫の母親の心理が当てはまる。

⑦　思春期特性（ギャング・エイジのギャング行為）の発揮

「いじめ」に加わっている子どもは、ほぼギャング・エイジの年齢に当たる。思春期から青年期にかけての、多感で権威に反抗的な時期に、最近の子どもはその発散と活動のための時間と場をもたない。教室の中で仲間をいじめることで、ギャング行為に及ぶという困った状況がある。

5　いじめへの対応

「いじめ」にはこのように、子どもにも言い分がある。むろん誤った言い分なのだが、しかしいじめる子はそれなりの動機や、時に信念をもっていじめ行為に走る。こうした言い分の一つひとつをつぶしていくこと、それを正すことは必要だが、しかし、それぞれのケースのメカニズムは、そう簡単に見破れない。多くは複合すらしている。したがって、まず大きな原則を考えてみよう。

「いじめ」は傍観者層に問題がある

いじめ集団は「加害者」と「被害者」から構成される。したがって多くの教師は、早期に発見して、加害者にいじめ行為をやめさせようと躍起になる。しかし、子どもの智恵はおとなの智恵を上回っていて、ギャング・エイジの子どもたちは親や先生の目が届かないように、智恵を働かす。いじめは子ども集団の内部で起こるので、それをキャッチすることは非常にむずかしい。教師の発見と対応には限界があると考えよう。むしろ、周囲の傍観者層にアプローチする方が意味がある。

今の「いじめ」が、昔もあったケンカや小競り合いや嫌がらせと違うのは、その継続性にあるのだろう。どんな嫌がらせも、その時間だけ、またはその日一日か、または数日で終わるなら、それは許容範囲のものだろう。しかし、いじめは小さな嫌がらせでも、何か月も、時に何年もつづく。それでは心にダメージを受けて性格に変調をきたしてしまう。オーバーでなく人権問題となる。

その継続性はどこからくるのか。むろんそれに関わる子どもの中にいじめをつづけたい動機やエネルギーがあるのだろうが、もう一つは、外部的な抑止力が働かないことによるのではないか。

「いじめ」でよく言われるのは、それをやめさせようとする子、それを止めに入る勇気をもつ子がいない現状であろう。しかし、今は下手に電車の中で「席を詰めてください」と言ったくらいで、殺されてしまう時代だから、そんな勇気のもち合わせを期待するのは無理かもしれない。「注意すれば、今度は自分がターゲットになってしまう」のを、子どもたちはちゃんと知っている。

しかし、子どもは、「いじめ」の周囲にいて、まるで石のように、関心も注意も払わないでいられるものだろうか。少なくとも、非難の眼差しを注ぐことくらいはできないだろうか。仮にクラスに六人のいじめ集団があったとしたら、傍観者は三十四人もいることになる。

その圧倒的多数派の傍観者が、一様に険しい表情や非難をこめた眼差しをもっていたら、「いじめ」はそうそう長続きしないと思われる。無言の圧力こそが無視できない力を発揮するのではなかろうか。しかし、今は狭い学級、狭い教室の中で行われる「いじめ」が、無人の荒野で行われるかのような状況に置かれてしまう。加害者がいつまでも他への遠慮なしにこの逸脱行為をつづけられるのは、周囲の無関心がさせるのである。

子どもたちの心の健康性に訴えかけることをしなければ、「いじめ」は永久に終息しない。「行為で抑止する」ことの次に、なぜひとっとびに、石のような無関心までいってしまうのだろう。その間に期待できるものは種々あるはずではないか。

この方法こそ

「いじめ」に関しては地道だが確実な策がある。①クラスに「いじめ」が必要な条件を作り出さないこと、②発見を少しなりと容易にすること、また、③（おとなの力は多く無力だが）その力を少しなりと威力のあるものにしていく「やり方」である。

〈まず、いい学級経営を〉

種々のいじめのケースを見ていくうちにわかってきたことだが、その魔法は実にありふれた方法だが、いじめへの対応の近道は、一言で言えば「いい学級経営」に尽きるのである。

なぜなら「いい学級経営」をすれば、

① いじめの発生率が減る

② いじめが発見しやすくなる

③ 教師の介入が効き目を表す

そうなれば、「いじめ」は退治したも同然ではないか。

それぞれについて見ていく前に、大事なのは「いい学級経営」とは何を指すかであろう。学級経営の専門家に言わせれば、専門的な定義もありそうだが、心理学の立場からは、子どもが朝、目覚めたときに「今日も○年○組の教室に登校して、一日を過ごすのがうれしいな」と思えるクラスを作り出していくことではなかろうか。そう思う子の割合が限りなく100％に近い時に、それは究極のいい学級経営ができているという見方をとりたい。そのクラスに行きたくなかったり、その集団にいることが不安や緊張を引き起こす状態であれば、どうしてその心理的環境の中で、落ち着いて授業が受けられるだろうか、課題に集中できるだろうか。

ちなみに、子どもたちが今のクラスへの所属、今の担任に受け持たれたことを「よかったと思っているか」調査したデータ[☆11]がある。6年生の54クラスで「とてもよかった」とした子がいちばん多かったクラスは81・6％で、算数を受け持った三十歳男性のクラス、54番目（もっとも満足感の低かったクラス）は11・8％で、三十二歳の男性のクラスだった。この担任は二人とも学級経営の自己採点を求められて、共に七〇点としている。この二つのクラスは外側から見れば同じように見えるかもしれないが、そこで一日を過ごす子どもたちにとっては天と地ほども心理的環境に差がある。自己評価がいかにあてにならないかのよい例とともに、限りなく全員に近い子どもたちが「このクラスになってよかった」と思えるような学級づくりが必要なことを示唆している。

なぜいい学級経営か

いい学級経営の生み出すいじめ対策の魔法を検討してみよう。

〈「いじめ」の発生率の低下〉

「いじめ」は学級が荒れていたり、生徒がたくさんの校則の規制の下で楽しい学校生活を送っていない雰囲気の中で多発する。大学生の回顧的な調査の資料の中で、いじめが起こっていた頃の状況を、「荒れた学校だった」と記述している者が多いことが目についた。子どものどうしようもない不安定感やいらだちの中で起こるストレスが、いじめという発散の仕方をとることは納得できる。何らかの意味で生徒が不幸なときに「いじめ」への動機が生まれるのであろう。

ある都立高校の先生は「期末や中間テストが近づくと、一週間は部活が休みになる。そうなると途端にいじめが始まる」と言う。テストという予期レベルでのプレッシャーと、部活によってストレスを解消する手段を失うと「いじめ」が必要になるのだろう。

こうしたストレスから、いわば日常化している荒れた学校や拘束の多い学校の中で「いじめ」が起こる。しかし、むろん学校といっても、それぞれのクラスで生徒の心理的環境には違いがある。生徒の幸福感が高い学級経営が行われているクラスでは、「いじめ」の必要性が低くなる。それでも、それぞれの集団を構成する子どもの心理的要因やグループの力学には違いがあるから、どんないい心理的環境のクラスでも、「いじめ」は起こる。しかし発生率が低くなれば、全部の「いじめ」が退治できなくても、それでいいではないか。

〈「いじめ」が発見されやすくなる〉

どんなにいいクラスでも、ある程度の「いじめ」が起こることは覚悟しなければならない。しかし、いい学級経営をしているクラスでは、「いじめ」が発生したときに発見しやすくなる。いつもざわついているクラスでは、「いじめ」が起こっても集団の変化が察知できない。しかし、皆に幸せ感が高く、うまくいっているクラスで「いじめ」が起きたら、敏感な教師ならそれを素早く感じとるだろう。むろんいじめをキャッチしたからといって、子ども集団の中の出来事をそうすぐにやめさせることはむずかしい。しかし、それでも教師の指導でおさまる場合もある。キャッチしないでいるよりは、むろんしたほうがいい。

もし一昨日まで平和なクラスであれば、昨日何かの異変が起これば教師は何か変だと思うであろう。それが、「いじめ」の発見につながることになる。

〈介入の効果が上がる〉

「いじめ」を発見したとき、教師はそれを終わらせようと介入にはいる。

「皆を叱る。諭して泣く。作文を書かせる。教材を使って道徳の授業のテーマにする。被害者と加害者を呼んで事情を聞き、説諭して、いじめをやめることを誓わせたり、仲直りさせる」がその主なやり方だろう。しかし、こうした介入の多くは大した効果を上げない。その場は教師の指導に従ったかのような姿勢を見せる子どもたちだが、翌日からもっと巧妙に、おとなにわからないように「いじめ」を続けるか、または全く本人を相手にしなくなる。部分的な無視は、無視という形の「関わり方」だが、完全無視というか、その子が存在しないかのように相手にするのをやめてしまう。「いじめ」へのおとなの介入は、こうした失敗に終わることが多い。

だいたい、子どもが担任の教師を敬愛していない状態で、その教師が何を言おうが、その叱責の言葉が彼らの中に入っていくわけはない。

しかし学級経営がうまくいっているクラスとは、担任ともいい関係が成立しているわけだから、自分のクラスを好きで、担任を好きな子どもたちは、その担任の叱責や説諭で即「いじめ」をやめる。大好きなおとなが真剣に言って聞かせることに、子どもは素直に反応する。事実、時たま教師からクラス全員に、またはいじめ集団を呼んで叱責したことで、鮮やかな解決を見るケースがある。それは調査してみると、いい学級経営のできていたクラス、教師が敬愛されていたケースであることが多い。

このように見てくると、担任が子どもから好かれ、子どもに幸せ感があふれているような学級経営をしているクラスでは、「いじめ」の発生そのものが抑えられ、それでもなお発生する「いじめ」は発見されやすくなり、また介入が効果を上げる。これが、「いじめ」対策の魔法ではなかろうか。

5節　学級の「荒れ」・授業の「荒れ」

いわゆる「学級崩壊」は少し下火になってきている。飽きっぽいマスコミの関心から逸れたのかもしれないし、学校側が「荒れ」状態を日常的なものとして受けとめるようになったのかもしれない。また早期対応に配慮しているのかもしれない。

それにしてもマスコミが使い始めた「学級崩壊」は、パンチの効いた言葉であるが、学校現場では使わない。筆者も避けるようにしている。クラスがどんな状態を呈しようと、その子がなお一日を過ごすクラスを「崩壊」とは呼びたくないし、子どもたちに失礼ではないか。家庭に例をとるなら、もし自分の家族の中で、祖母は入院し、父親は蒸発し、息子は万引きで補導される事態になっても、「あなたの家庭は崩壊している」とは言われたくないだろう。他人が表現する場合は、せいぜい「荒れている」程度にとどめるべきだろう。

それにしても、学級や授業の「荒れ」はなぜ起こってきているのか。

1　ある「荒れ」のケース

まず一つの典型的な事例[☆12]を掲げてみる。

A先生は筆者の教え子である。学生時代からたいへんまじめで誠実な人柄で、学生時代、周囲からさぞいい教師になれるだろうとの期待をもたれた学生だった。彼女が教員になって二十年。そのクラスで「荒れ」が起き、彼女は転校した。「荒れ」が起こったのは平成十年、5年生のクラスであった。

A先生は久しぶりの高学年担任であった。それまで、低学年を担任しながら「今の子どもは基本的な生活習慣が身についていない」「自分で考え、判断することができない」という感想をもっていたという。

学級経営的には「この子を、担任と結んでおけば（信頼関係を作っておけば）、他の子どもも先生に従う」と思えるような子がいるものだとA先生は言う。いわばリーダー型の子である。男の子では、①体育ができる、②身体が大きい、③勉強ができる、であり、女の子では①活発、②自己主張力のある子（主張性をもつ子）、で、担任はそういう子といい関係を築けるかどうかが、学級経営上の成否を決めるという。逆に、集団の中にそうしたリーダーをつくれず、暴力的な子がリーダーになって周囲が付和雷同するときに、高学年の「学級の荒れ」が起こるという。

「荒れ」の中心だったのはB君で、4年生の時から私語の多い子だったらしい。5年で新しいクラスになって間もなく、授業と関係ない私語を始め、わざわざ手を挙げて授業とは全く関係ないことを言い出した。五月にA先生が本人を呼んで話し合いをしたところ「授業中先生は僕を当ててくれない。だから言うことを聞かない」と言ったという。教師側の説明（一人にだけ当てるわけにはいかない）と説明をしたのだが、彼は言い張り一歩も譲らなかった。彼は自分が大事に思われていないとの気持ちをもっていたのだろう。それはいわゆる自己チュウ、幼児的な心性から発した感情だったのだが、A先生はそれに理屈で対応してしまったのだった。さらに、「僕が勝手な私語をするようになったのは、先生が僕の言うことを聞いてくれないからだ」という幼児的な理屈も言い張った。

B君は人を見て対応するところがあって、若い教師にはちゃかすような発言をして、担任ではないベテラン教師には従う傾向を見せていた。A先生には「あっちへいけ！」のような暴言をどんどん吐いた。この辺は家庭内暴力と似ている。家庭内暴力は親に対して、しかもしばしば母親に対してだけ発揮される。子どもが相手を選別して態度を変える点はよく似ている。現状が思いどおりにならないいらだちを（家庭内暴力なら不登校状況、この場合は何らかの欲求不満）を、いちばん親しい関係にある者にぶつける。

次に、B君への追従者が出てくる。C君とD君である。C君はB君の仲良しで、初めはB君をたしなめていたが、しだいに彼も手を挙げずに発言するなど「荒れ」的行動を示すようになった。しかし、B君とは違って、授業に関係のない勝手な発言ではなく、授業に関連した発言を挙手せずに発言するという規則破りに走ったのだった。

これに対してもA先生は、B君同様に「当てない」という無視をもって臨んでいた。それで、クラスの統制を回復させようと考えたのだった。そこでC君も、「また、僕を無視した」と、B君同様の感情を抱くことになってしまった。

三人目はD君だった。以前A先生が担任したことのある子で、「めんどくさい、知らない」などと、投げやりな態度をもつ子だった。どこかに不幸を抱えていたのだろう。腕っぷしが強くて他の子から恐れられており、三人の男のきょうだいの末っ子で、いわば暴力親和性のある家庭環境にいた子どもだった。この三人が「荒れ」の核になった。その子たちの乱暴な行動に、ふだんからクラスの子は知らないふりをしていた。よくやることだが無記名で、クラスの子全員に紙に書かせてみたが、このグループの行動について、多少とも学級会で問題にしたり先生に言いつけたりすると、陰湿な報復が待っていた。たとえば手を握るふりをして思いっ切りぎゅっと力を入れるなど、巧妙なやり方だったが、その中に秘められた〈悪意〉は、十分に伝達されていたのである。

初めの段階では、三人グループだけが騒ぎ、授業をつぶし、他の子は見て見ぬふりだった。しかししだいに他の子も同調するようになってきた。皆が好き勝手にしゃべりだし、チャイムが鳴っても席につかなくなった。子どもの中には「何をしてもいいんだ、結局は怒られないんだ」という感覚が生まれたようだった。付け加えるなら、それはA先生の「力」への不信と侮り、反感が混じった感情であり、またこのギャング・エイジ期特有の、おとなや権威に対する反発の感情も後押ししたのだろう。

管理職が介入に入ったがクラスの荒れはおさまらず、保護者会も開かれて、A先生が担任を継続する形でバックアップしようとする雰囲気が生まれたが、A先生は「クラスの子ども、とりわけ三人の自分に対する気持ちは変わらないだろう」として、担任交代の決心をした。五月に始まり、十月から最盛期に入った「荒れ」は、翌年四月、三十代半ばのE先生が担任になって終わった。E先生は、風貌がきつく無口なタイプだった。少なくとも子どもたちは授業中は静かにしているようになった。しかしD君だけは何かと反抗して言うことを聞かなかったが、それは集団を巻き込むことはなく、対担任の関係でとどまった。A先生は転校した。

（志村聡子の一九九九年度修士論文「学級の荒れの発生とその発生要因に関する一研究[☆12]」より引用）

子どもたちは、担任の交代と転校という形で、とりあえず自分たちの武力行使の成果を見たわけだったし、いつまでも「荒れ」状態では、自分たちの損にもなると判断して矛先を収めたのであろう。むろんE先生の力の前では、自分たちの力の有効性はないと判断し、さらに一種のゲームが終わって、ストレスが解消されたこともあったのだろう。

A先生はいま振り返る。「①もう少し、初めの段階でよく話し合って、B君の気持ちを汲んでやればよかった。②しばらくぶりに高学年を担任して、低学年と同じ感覚で学級を運営しようとしてしまった。この時期の子どもの扱いがうまくできなかった。正直、こんな問題に発展するとは予期していなくて、油断があったかもしれない。③他の子は『静かに勉強を望んでいるのに、先生に彼らをコントロールする力がなく、自分たちだけではどうにもならない』という感情があったと思われるのに、その子どもたちの感情もうまく扱えなかった。子どもたちは好き勝手をしながら、『こんなことをしていてはいけない』という思いがあったようだが、それにも対応できなかった」と言っている。

しかし、他校に転任して一年を経た今でも、あの当時のことを思うと顔が顔面神経痛のようにひくひくしてしまうそうである。

2 「攻撃性」の形の変化

なぜこうした「荒れ」が起こるのか、A先生のクラスでの出来事が典型性をもつと思われるが、今の子どもたちの成長の姿の中には、昔とは違った状況が生じている。一言で言って、攻撃行動がうまくコントロールできなくなっている子どもの育ちと言えようか。

青年心理学では元来、思春期または中学生・高校生期は「暴力親和性」が高い時期とされてきた。前思春期とも言えるギャング・エイジには、遊び的なギャング行為だったのが、内的な力を蓄えるようになって、それは非行や犯罪の領域にも足を踏み入れた行為となる。青年期の暴力行為、逸脱行為に昔からおとなは悩まされてきた。

考えてみれば、人々が遭遇するストレス状況やフラストレーションから生まれる「攻撃性」に、それぞれがどう対処していくか。時には抑制し、時にはどのような形で表出するかを工夫する。これは人格の成長のプロセスの中で、だれもが経験し、身につけてきたスキルであった。こうして攻撃性のコントロールができるようになることが、いわば人格が成熟した指標かもしれない。しかし今、子どもの攻撃性の処理の仕方が変調してきている。全体に幼く、粗野で、抑制の効かないものになってきている。

これを、時期を遡ってとらえてみることにしよう。いわば時代の中での攻撃性表出の推移としてとらえてみたい。

〈子どもの暴力発生の推移〉

第一期　一九七〇年代後半からの「校内暴力」の吹き荒れた時期（対教師暴力・生徒間暴力・器物損壊）

——素朴な校内暴力の発生——

第二期　一九八〇年代後半からの「いじめ」の横行した時代

——新しい心理的校内暴力〈生徒間暴力〉の発生——

第三期　一九九〇年代後半からの「学級崩壊」の発生

——生徒間暴力から、心理的な〈対教師暴力〉へ——

子どもの起こす問題が、社会問題化してきたのは、この四、五十年前からであろう。

第一期は、「子どもの校内暴力」が発生した時代である。子どもは学校の中で暴れまわった。主に高校段階だった。いわば素朴な校内暴力期とも言えそうだが、「対教師暴力、生徒間暴力、器物損壊」の三つが同時に校内で引き起こされた。一部のワルによって、火をつけられた暴力行為に全体が巻き込まれていく状態だった。

しかし、この段階の暴力は非常に素朴で、目に見える形で発揮されていた。その意味で「素朴な校内暴力」だったと言えそうだ。

十年ほどして、校内暴力は新たな展開を見せるようになる。すでに見てきた「いじめ」がそれで、これは「生徒間暴力」の変型とみなすことができる。しかも第一期のような目に見える形の素朴な暴力ではなく、無視、仲間外れ、悪口のような、心理的にダメージを与えるやり方をとる、「新種の校内暴力」である。

この時期が十年ほど続いた後で、また別のタイプの校内暴力が起きる。学級の「荒れ」、授業の「荒れ」で、これは「対教師暴力」とみなすことができる。教師は授業をする仕事の人々だから、その仕事を成り立たせなくするのは、蹴ったりパンチ・キックを喰らわすより、遥かに有効だ。このように一九七〇年代に始まった校内暴力は、攻撃性の発揮に対象と方法を変えてきたと言えよう。

まとめてみると次のような変化をたどったことになる。

① 攻撃のスタイルと攻撃対象の変化（行動的暴力から心理的暴力へ）

② 一般化（一部の〈悪い生徒〉から一般の生徒への広がり）

③ 低年齢化（高校から中学へ、そして小学校へ）

「荒れ」の三段階

「荒れ」のケースを見ていくと、「荒れ」は決して一気に起こるものではないことが見えてくる。先のA先生のケースでも、はじめはB君の反抗と逸脱に、C君が抑止しようとしていた段階があった。C君の役割は、C君だけでなく他の多くのクラスの子の役割でもあっただろう。子ども集団にもその中に備わった健康性によって、メンバーの逸脱を抑止する機制が働く。

昔の子どもには「いーけないんだ、いけないんだ。せーんせいに言ってやろ」というはやし歌があったが、それに象徴されるように、子ども集団は一種の自浄作用をもつ集団であった。

しかし、やがて集団が自浄機能を失うようになる。先の事例で言えば、C君が挙手でない発言をし出す段階だろう。しかし、彼は少なくとも担任の問いに答える形で発言しようとしている。挙手をしないで勝手にしゃべるのは、部分的な逸脱、小さな反抗である。しかし授業そのものは成立させようとしている。

やがて、C君もB君と同様に、問われていない内容を勝手に発言し出し、完全な授業妨害が成立する。こうなると他の一般児童も担任の統制から外れて動き出す。集団は統制を失い「崩壊」状態に達する。

これを段階でまとめてみると次のようになる。

〈「荒れ」の三段階〉

第一段階（ざわつき状態）

——何となく学級（授業）がうまくいかない感触が生まれる——

第二段階（荒れ状態）

——生徒と担任の気持ちが離れてしまったことを感じる——

第三段階（崩壊状態）

——授業が成立しなくなる——

即ち、A先生が反省するようになり、B君が反抗的な態度をとるようになった時点で、彼の心に気づいて、彼の不満を解消し、自尊心を充たす関わりをしていれば、「荒れ」は第一段階のざわつき状態でとどまったかもしれない。この頃は集団は仲間に対する統制力を失ったわけではなかった。

しかし、A先生のB君に対する対応の仕方への不満に代表されるように、恐らく低学年の子どもに対するように、細かい行動の部分までコントロールしようとする（生真面目な）A先生のやり方にクラス全体に不満が生まれてきて、クラスは第二段階に入っていき、「荒れ」状態が広がる。

それに対応ができずにいると集団は生き物のように、さらに最終段階に突入する。こうなったら、もう手の施しようがなく、集団を解体するか、当面の攻撃対象になっている「担任」を変える以外には方法がなくなる。

したがって、「荒れ」の抑止方法を探ってみるなら、少なくとも第一段階に入ったときに、事態に気がついて対応をはかればいい。これは比較的容易と思われる。不幸にして第二段階に進んでしまっても、この段階ならまだ打つ手はあるかもしれない。

このように「荒れ」の兆候に少しでも早く気づいて、「荒れ」を進行させずに早期対応をはかることが、「荒れ」対応の基本ではなかろうか。

しかも考えておきたいことは、最近は「荒れ」の第一段階とも言うべき準備状態が広がってきていることである。第一段階の恒常化、一般化とも言うべきかもしれない。かつて「校内暴力」の盛んだった頃の記録を読んでいると、「校内暴力の潜伏期の学校」という表現に出会う。その表現にならえば、「荒れの潜伏期の学校」が今の学校の状態像と言えるかもしれない。子どもが自分でもわからないようなストレス状態からいらだっており、権威に服従する態度を形成してこなかった世代が、ギャング・エイジでのゲームの一つとなって、教師への反抗の形をとる。

そうした状況を教師はふまえておくことが大事ではなかろうか。

A先生の場合、長いあいだ低・中学年担当で、高学年生の心理や行動の理解が適切でなかったこと、一種の優等生をリーダーとして、自己と直結させ、それによって集団を統制するやり方は、過去の子どもたちの中で形成してきた原理であって、今の多様で群れを作るのが下手な子どもたちの学級経営には、向かなくなってきていることに気づかなかったのが、優秀な先生の中の「蟻の一穴」だったのかもしれない。

A先生はこうも言っている。「教師として、最近の子たちに意思が伝わりにくくなっているのを感じる。子どもが多様化するなかでは、その子にわかるような対応の仕方、その子にあった対応の仕方が必要で、とりわけ高学年の子どもには、マス（集団）と見ないで、一人ひとりの子に対応していくことが重要ではないか」。苦い経験から生み出されたこの指摘には、まことに重いものが感じられる。

3　固い統制からソフトな統制へ

振り返ってみれば、昔の子はなぜあんなに従順に授業を受けていたのだろう。今となってはそれがかえって不思議である。終戦後は一時、五十人、六十人、都市では七十人近いクラスもあった。それでも子どもは「内職」と手いたずらくらいで、まあ従順に授業を聞いていた。それがいま三十人から四十人の学級でできないのはなぜだろう。考えてみれば、かつてのクラスには授業成立の前提条件があったように思われる。

① 担任との間の強い心の絆の形成
② 権威への従順さ
③ 集団性の形成
④ 年齢に応じた課題への集中力・課題持続力の形成

しかし、そのどれをも欠くのが、現在の学校ではなかろうか。

アタッチメント（絆）の欠如

心理学では、学習が起こる時の条件の一つが、課題を出す者への愛着や尊敬の感情とされる。これは「同一化」のメカニズムともいって、「憧れの対象の言うことだから、その人の言うとおりにしよう」のような心の働きだ。親子という愛着関係の中でしつけが効果をもつのはそのメカニズムからだろう。授業でも、皆の憧れの対象である担任が一生懸命だから、子どもはその人の指示に従って課題をこなそうと努力する。愛着関係の成立は学習過程に不可欠な要因だ。

しかし、担任に限らず最近の子どもは、人との愛着関係、心の絆を形成しにくくなっている。人の言うことを聞かない子、自分勝手な子とは、社会的な経験もあるが、それ以上に「この人の言うことだからその通りにしよう。ついて行こう」とする心の働きが生まれにくくなってきている子でもある。かつて「親の言うことは絶対、先生の言うことは絶対だったのに」と、人々は今の子どもへの統制力のなさを嘆くが、師弟の間で強い愛着関係が成立しなくなったことも大きいと思われる。

権威を権威と思わない

第二は、権威に関する鈍感さとでも言おうか。世の中には「偉い人、こわい人」がいて、その人の言うことは、少々無理でも大いに不服があっても、とにかく従わなければならない、とする感覚が、今の子どもの中にはない。家の中に強力な「父親」を欠いた家族の中で育たなかった子どもの態度であろう。

「先生の言うことは絶対だ」との構えが失われたのも、教師への愛着が欠けているだけでなく、「権威」の存在を知らず、権威に従順であることができないことからではないか。

集団性の欠如

しかし、大集団の中で育った子どもは、常に集団で行動することを強いられていた。朝は決まった時間に起きて、決まった時間に皆で食事をする。食事が配られても、最後の一人に配り終えられるまで箸を取ってはいけない。食事中に席を立ってはいけない。食事が終わったら、一斉に「ご馳走さまでした」を言う。子どもにとっては窮屈で不自由な集団による規制はなくなって、小さな家族の中で、一人ひとりが大事に扱われる。それに子どもは慣れている。

幼稚園では、自由保育的な風土の中で、集団で生活する窮屈さを感じなかった子どもが、学校に入ってから四十人の集団で、授業を受けるのは極めて窮屈な状況に違いない。何しろ一斉授業方式は、明治の頃、まだ子どもが集団性を十分身につけていた時代の産物であった。それが百年経って、子どもの育ちが大きく変化したのに、授業のシステムや方法は変わらない。授業に適応する子もいるが、適応できない子が出てくるのも当然だろう。

年齢に応じた課題への集中力や持続力の欠如

子どもにがまんする力が育っていない事を、折々指摘される。なにせ発展途上社会は貧しく、不便で、生活は困難を極めたから、子どももおとなもその劣悪な生活条件に、じっと黙って耐えているしかなかった。

しかし豊かで暮らしよい時代がきて、最近の子どもは耐えることを知らない。面白いこと、楽しいことには積極的にアクセスするが、そうでないことには逃げ腰だ。「軟弱」の言葉が使われるのもこうした子どもや青年の姿に出会うときだろう。

授業を面白く楽しいものにしようと、どの教師も工夫を凝らす。しかし授業は本来退屈で、窮屈で、ハードなものだから、集中力と忍耐心がなければ、到底ついてはいけないものだろう。その力に欠ける子がクラスにはたくさんいる。授業が成立しなくなるのも当然だろう。考えてみれば昔の教師は楽だった。授業を成り立たせるベースが子どもの中にあって、その上で、授業をしていればよかった。子どものほうで、授業を聞こうとしてくれていたのだった。

しかし今、そうした前提条件が崩れて、授業は成立しにくくなった。授業の「荒れ」は、そうした中でどこでも起こりやすくなっていると言えるだろう。

A先生がしたように、力で子どもを抑えるやり方は、もう今の子どもには合わなくなっている。一人ひとりの子の心に届く働きかけをし、どの子とも愛着関係を築いて、その力で「自分を大事に思ってくれる人の言うことだから、聞き入れよう」とするソフトな統制力が必要な時代になってきている。いわばハードな（固い、力による）統制から、ソフトな統制への転換である。

新しく、「ソフトな統制」の方法を探ることが、授業の「荒れ」を防ぐために、また、効果的な授業の成立のために、探られなければならない時代が来ている。

6節　ADHD

1　ある学校で

ある小学校の研究会で、「集団に馴染まない子をどうしたらいいか」というテーマで話をすることになった。東京下町の全校五百人ほどの小学校で、放課後の研究会は、まじめな先生たちで、視聴覚室は熱っぽい雰囲気だった。

席上に出された資料は「いま、うちの学校で扱いに困っている子」のリストだった。全校17クラスの中で、八人の「困ったちゃん」たちである。

〈ある小学校のケース〉

1年A君　・教室の外へ出る、教室内でも立ち歩く
・自分でしたくないことは避ける
・かっとして怒鳴ったり、罵ったり、机を蹴飛ばしたりする
・一つのことにこだわりをもつと、気持ちを変えることができない
・絵や工作が苦手

2年A君 ・集団行動がとれない。気が向かないと集団に参加しない
・パニックを起こすと、大声を出したり暴れたりする
・暴力を振るう（クラスメイト、上級生、おとなにも）
B君 ・理解は早いが、集団行動では必ずふざけて、周囲を巻き込む
・友人への悪口が多い
・当番活動ができず、終始ふざける
・ねばり強く取り組む活動に参加できない
4年Aさん ・集団の意識がみられず、自分勝手な行動が多い
・一つ一つの行動を説明しないとわからない
5年A君 ・授業にはほとんど参加しない。気が向くとやることもある。
・席にはついている。体育も同じ。
・おとなに対する言葉が乱暴。「いらねー。うるせー。おめー、しね」（自分に損と思えるとき）
・友だちに思うようにならないと、暴力や言葉攻撃をして、泣かせてしまう
6年A君 ・知的能力は高いが、興味関心が狭い。休み時間は一人で本を読んでいたり、大人と関わっていて、友だちと遊ぶことができない
B君 ・自分の思いどおりにならないと、ものを投げたり、叩いたり、パニックになる
・本が好きで、知識も豊富

C君　・自己主張が強く、まわりの友だちといつもトラブルが起きる
・反面でお節介も多く、友だちとうまく関われない

こんなタイプの子をクラスに一人でも抱えたら、いったい授業はどうなってしまうのか。

(「授業でどうしてますか。毎日?」と聞いてみた。)

「『どうぞ好きなようにしててね。あなたがそうしたいなら、したいようにしていいのよ』というやわらかい心でいないと、周りの子にも、本人にも幸せはないから」「今日も○君は、一日、朝から自然に親しんでました。学校庭園がお気に入りで、そこに行っちゃう。しばらくして、クラスの子どもを自習させておいて、連れ戻して来る。気が向くと教室にいるときもあるし、気が向かないとまた自然に親しんじゃう。でも校長先生も主事（用務員）さんも、校庭で体育の授業してる先生も、みんながその子のことを知ってるから、それとなく見てる。校長先生は手が空くと子どものそばへ行って話しかけてる」

「こだわりが強いので、授業で何人かに黒板で計算をさせる。彼もそれに入ってる。ところが、彼は黒板を使うことが気に入ってしまって、離れない。そんなときは、そのままにさせておいて、他の子にはノートを使うなど他のやり方に切り替える」

(「リタリン（中枢神経の抑制機能に効く薬）を飲んでる子は?」)

「効く子もいるし、そうでない子もいる。半々ぐらいかなぁ、効果がある子は」

(「学年が上がっていくと、回復しますか?」)

「周囲の子とトラブルが少なくなって、彼も成長したのかと思うのですが、実は周囲の子がおとなになって、彼の扱い方を覚えるのですね。パニックを起こさないようにと、上手に対応する」

ADHD（注意欠陥・多動性障害）の子は、しばしばいじめのターゲットにされるという。しばしば教師や仲間から持て余された存在になるが、この学校では全体に「困ったちゃん」を見守る眼差しの温かさがある。ここには情緒障害児の通級学級があることからもその土壌が育てられているのだろう。多様な個性、しかも必ずしも価値的ではない個性のもち主に対して、あらゆる学校、そして社会全体が、「困ったちゃん」を温かく抱えていけるかどうかが、社会の成熟性の指標ではなかろうか。

2　どんな子か

ADHDは、最近目にするようになった言葉の一つである。不注意や、多動性、衝動性を特徴とするので、「注意欠陥・多動性障害」と訳されるのだが、この日本語はあまりにこわい響きをもつので、ADHDを使う人が多い。軽度発達障害児専門の司馬クリニックを作られた司馬理英子さんは、これに「のび太・ジャイアン症候群」という愛称をつけて、この問題への理解を深めようとされている。

ADHDと呼ばれる子がどんな原因から起こってきているのか、どんな様子（行動の特徴）をもつのか、どんな治療法があるのか、おとなになってからどうなるのか。そうしたことは、専門病院をもつ司馬さんの著書に詳しいので、ここで生はんかに説明することはしない。詳しくは、司馬さんがやさしく書かれた二冊の本を読まれるなり、専門家に診察と指示をあおぐことをすすめる。

しかし、どのようなタイプの子にADHDが疑われるかについて、司馬さんがあげている二十項目☆13

を（著者の了承を得て一部簡略化して）掲げるなら、次のようになる。なお司馬さんによると、このような子どもの中には広汎性発達障害をもつ子も多く含まれるとのことである。

①朝の支度がとてもたいへん。着替えるだけでも際限もなく時間がかかる。
②夕食時や外食した時、席についていられず、兄弟とケンカし、人の迷惑になる。
③一時に一つのことしか覚えていられない。
④常に邪魔したり、割り込む。
⑤宿題など、するといっておいてしない。
⑥何でも後回しにしたり、先送りにしたりしがち。
⑦元気、熱中しやすい、やさしい、そして「特別な何か」、創造性、直感力、勇気や正義感などをもつ。
⑧大きな話を思いついたり、失敗を説明するのに、ありそうもない話をでっちあげる。
⑨約束の時間に遅れたりすっかり忘れたりする。
⑩授業中に集中できない。家でも集中力がない。
⑪整理整頓が苦痛。
⑫冒険、危険など、強い刺激が得られることが好き。
⑬とりわけ自分の好きなことには、時には非常に集中できる。
⑭じっと座っていられない。
⑮順番を守らずに話すなど、不適切なことをする。

⑯ クラスの道化者の役をして、おどけたり、みなを笑わせる。
⑰ 自分が注目されることを異常に要求する。
⑱ 気分が移り変わりやすい。
⑲ がまん強くない。待つことを知らない。
⑳ 時間の観念がない。今か、今でないかしかない。

これらの項目を見ていると、ひたすら子どもっぽくて、子どもの原型のようなイメージが浮かんでくる。まるで脳の発達が幼児期に止まってしまったかのようではないか。わが子が幼児の頃はこんなだったと、懐かしく思い起こす親もいそうである。こうした幼児特性にどの親も一時期は手こずらされる。まさに「困ったちゃん」なのだが、それが一時期だと知っているので、どの親もかんしゃくを起こさずに丹念につきあう。それに幼児は幼児のままでいて差し支えない。勉強という課題は与えられないし、しつけが身につかなくても、とりあえずは差し支えがないのである。

しかし、このような特徴がいつまでもとれなかったら、学齢期以後はたくさんの支障が出てきてしまう。まずは学校や家庭での学習、そして、しつけによって身につける社会的な行動の仕方。同年齢の子はどんどんこうした学習を成立させていくのに、一人だけどんどん落ちこぼれていく。

2 優れた素質をもつ子も

司馬さんの二十項目の中の七番目に、「元気、熱中しやすい、やさしい、そして「特別な何か」、創造性、直感力、勇気や正義感などをもつ」がある、他の十九項目はネガティブな項目だが、この項目の内容は、彼らの行く手に希望の星が見える。世界の天才たち、たとえばエジソン、アインシュタイン、モーツァルト、チャーチルなどが、多少ともその傾向をもった人たちではなかったかという指摘もある。

日本でも、多くの人に愛読された『窓際のトットちゃん』☆14を読むと、トットちゃんは相当変わった個性のもち主だったことがわかる。彼女は、たぶん名門の私立学校の1年生だった。ところがある日、ママが呼び出されて退学を宣告されることから、この本は始まっている。若くて美しい女の先生の口から出てきたことは、

・授業中に机のフタを、百ぺんぐらい、開けたり閉めたりする。

・授業中にずっと窓際に立っていて、チンドン屋が来るのを待っていて、通りかかると呼び込んで、窓の下で芸をさせる。

・窓際に立って、階段の下に巣を作っているつばめに「なにしてるの？」と話しかけている。

・絵を書けば、画用紙からはみ出して、机にまでクレヨンを塗りたくってしまう。

まるで今のＡＤＨＤの子を彷彿とさせる行動が描かれている。

そうした「困ったちゃん」ぶりを指摘されたトットちゃんのママは、観念して、トットちゃんをトモエ学園という小さな私立学校に転校させる。そこでトットちゃんは〈自分を受け入れてくれる校長先生〉に出会い、自分の個性にあった学校で水を得た魚のように成長していく。今日の、あの魅力的な黒柳徹子さんはその教育の成果の中から生まれたのであろう。人は自分の個性にあった教育を受ける権利があるとの主張の意味がよくわかるエピソードではないか。

これと関連して、最近の筆者が臨床の中で出会ったケースを思いだす。小学校2年生のノブちゃんは、学校の成績が悪くて相談室にやってきた。相談室でも、確かに注意が集中しなくて、よく動く子だった。先生からもご注意を受け、家庭でも生活習慣の形成がぜんぜんできなくて、ママは手を焼いて、ノブちゃんを叱ってばかりいた。パパは「俺も小さいとき落ち着きがないって叱られていたから、今になおる。ほっとけ」と楽観しているという。

「でも主人の頃とは時代が違いますから、勉強ができませんと」とママは心配そうである。

しかし、ノブちゃんは子どもらしいつぶらな瞳をして、おしゃべりしていても、まるでおとなのようにセンスのある受け答えが返ってくる。ふつうの1年生より、元気で、ひらめきがあって、楽しい子だった。

こうした特徴をもつ子の扱い方について、いろいろ話し合ったのだが、あまりお母さんが成績を心配するので、知能テストをしてみることになった。大学院生のMさんは優しくて子ども扱いの上手な人で、WISC-Ⅲという器具を使っての知能検査を覚えたばかりだった。

1年生なら、一対一でも知能検査にかけられる時間はせいぜい四十分。それ以上だと、疲労して集中ができなくなる。どうやって手際よくその時間内で検査を終了させるかが、テスターの腕のみせどころかもしれない。ましてADHDの傾向のある子なら三十分である程度の見当をつけなければならないかもしれない。

ところが、ノブちゃんと院生のMさんは、一時間を経過しても部屋から出てこない。気をもんで部屋に入ってみたら、Mさんはノブちゃんと、いわば格闘中だった。Mさんはじゅうたんの床に座り込んで、ノブちゃんの目線でテストを説明している。一つ問題が終わるとノブちゃんは隅っこのソファーのほうに走って行って、トランポリンよろしく跳ねている。Mさんはノブちゃんが跳ね終わるまで待って、またテストの器具が置いてある机に連れ戻して、次の問題の説明をしてやる。話の途中でノブちゃんは気を反らして、立ち歩こうとする。「ねえ、聞いて、聞いて、ノブちゃん。今度はこれやろうよ。面白いのよ。ねぇ、見て、これ、こうなってるでしょ」とこんな調子なのである。別室では母親と四歳の弟が検査の済むのを待っている。「もう終わると思いますから、もう少しお待ちくださいと筆者がつなぐ。弟は「ねえ、ねえ、帰ろうよ、帰るぅ」と騒ぐ。途中で「もう適当でいいわ、Mさん」と筆者は何度も何度も催促に行く。ＡＤＨＤの子の知能テストは非常にむずかしい。途中で適当に切り上げるのも仕方がない。

テストが終わったのは二時間を経過していて、外は暗くなっていた。

しかし、その後にMさんと二人で知能指数の計算をしてみて驚いた。何と130を超えている。100くらいが基準だが、学校の成績から推定すれば、80から90で、ふつうのレベルには達しないと思われたが、ノブちゃんはそうでなかった。130を超える子は、四十人のクラスでも一、二人だろうか。

特別に丁寧に扱ってもらったことを差し引いても、125は固いかもしれない。ノブちゃんと会話しているときの切れ味のいい返事はこれだったのか。

ＡＤＨＤを考えるとき、筆者はいつもこのケースを思いだす。むろんみんながみんな高知能のもち主だというわけではないだろうが、なかには、個人的に対応してやれば、中にある素質を引き出すことができる。その資質を伸ばす教育もしてやれる。彼は集団での教育には向かない子なのである。だが学校では、Mさんのような情熱を込めた対応をしてもらうことができない。四十人のクラスでは、叱られないまでも、先にみた小学校でのように、好意を込めたおとなたちから「どうぞ、好きなようにしててね」の眼差しで、そのまま受け入れてもらえるのが、せいぜいではなかろうか。教育のシステムを変えない限り、教師も手の施しようがないのである。

この種の「困ったちゃん」たちは、ADHDとくくってはいけない多様性をもっている。先にみた小学校の八人も、1年生のケースは、ADHDというより、家庭や幼稚園でしつけをきちんと受けられなかったための発達の偏りかもしれない。本来意味のある個性の尊重や自由保育の教育方針が逆にあだになっているものの、教育可能性が本来は十分ある子なのかもしれない。4年生のケースはもしかしたら、知恵遅れが主な原因かもしれない。6年（A）のケースは、もしかしたら、アスペルガータイプと言われる自閉症の傾向を残している子なのかもしれない。6年（C）のケースも、おとなにだってよくある（社会的経験の不足からくる）単なる自己チュウな子なのかもしれないのである。ひと区切りにADHDなどとしてしまわず、教育の可能性を探り、それぞれにあった教育環境の中に置くことで、つつがない成長が生み出されるのではなかろうか。

平均的な子でないと自分にあった教育が受けられないかのような現在の学校のあり方は、これから先大きく変えていかなければならないだろう。

5章 家庭と地域、学校の「子育て力」の低下

1節 失われたものは何だったのか

親が変わった、親が子どもを護ることをしなくなったと言われるが、昔を振り返るとき、いったい昔の親が子育てにどれほどの力を発揮していたのだろうか。今の親はそれほどに子育て力を失ったのだろうか。それと関連して心に浮ぶのは「家庭の教育力」が低下したとする指摘である。授業で学生たちに、この語を聞いて何を思い浮かべるかを聞いてみると、返ってくる答えのほとんどが「親がしつけをしなくなった」であり、同様に「地域の教育力」の低下で思い浮かべるのは、「地域の人々が子どもを叱らなくなった」であるらしい。

しかし子どもが成長するには、そんなにもおとなの力が必要なのだろうか。子どもとは、おとながいちいち言って聞かせたり、意図をもってしつけなければならない者たちなのだろうか。それは意図

的な教育への過剰な信頼ではなかろうか。

昔の家庭や地域には、しつけやおとなの意図的な教育力以上に、家庭そのもの、家族そのものに、「子どもを育てる力」と環境が備わっていたように思う。その力に比べれば、家庭や地域でおとながしようとする「意図的な教育」の力など、微々たるものという気がする。失われたものは親の教育力や地域の教育力ではなく、それらの環境の中にあった「子育て力」ではなかったか。むろん学校も同様であろう。

1　家庭の「子育て力」

昔の家庭がたっぷりもっていて、今の家族にはなくなった「子育て力」とは、「貧乏・大家族・手伝い」の中にあったのではないだろうか。

貧乏

「貧乏」の子育て力は昔から定評のあるところだった。「貧しき家に孝子出ず」という諺もあったではないか。貧しさは物質的に耐乏を強いられる成長環境なので、子どもはまず、我慢力（耐性）を身につけた。

十年ほど前の日本の冷夏の後で米が大量に不足して、人々は米を求めて右往左往した。しかし、米がなくてもパンがあり、うどんがあったし、蕎麦がある。パエリアにすれば美味なタイ米もふんだんに出回った。子どもの頃に戦後の食糧危機を体験し、毎日をサツマイモだけ、南瓜だけで過ごした世代は、いざ根性を据えれば米が何か月かなくても驚きはしなかった。一時が万事そうなので、年輩の日本人は強い生活力をもっている。発展途上の国に調査に出かけても、真っ黒に蝿の止まった料理だって、いざとなれば払いのけて口に入れられる世代である。世界中どこへ行っても、生きる基本である食べ物への適応性だけはバッチリあるのが、貧しかった時代に子ども時代を過ごした者たちなのである。

育てられるのは我慢力だけではない。貧しい親の家から早く出て、外の世界に自分の天地を求め、自分の暮らしを作ろうとする。「自立性」が言われずとも育つ。最近のようにパラサイト・シングルを抱えておけるだけの生活力を、昔の親はもっていなかったからである。

親も子も、いわば飢え死にと隣合わせで暮らしていた。「生きる力」や自立性など、人が備えるべき基本的な力が育っていたのも、貧しさのもつ子育て力のゆえであった。

大家族

今と昔の家庭でいちばん変わったのは、物質的環境とともに家族サイズであろう。

明治から大正時代に珍しくなかった七人、八人、十人の大家族には、まず子どもの数が多いこと、祖父母が同居している三世代家族の条件が必要だった。大集団になればそれなりの構造が生まれ、それぞれの役割分担が生まれ、リーダーもフォロワーもでてきて、その中に当然複雑な人間関係が生じる。その中で自己形成をしていく子どもは、組織のメンバーとしてのありようや人間関係のもち方を、知らず知らずのうちに身につけていく。家族は、小さくても一つの社会だから、その中で社会性も集団性も要求される。

家族が「社会」という名に値するには、少なくとも子どもが数人、親世代も数人（祖父母も含めて）で、男性も女性も、老いも若きも、強者も弱者も、価値的な者もそうでない者も、善良な者も悪い奴もと、多様な人的構成が必要になる。その中で育てば、たかが学校ぐらいの「世間」に出ても、そこで怯むことはない。昔、不登校がなかったのも、それが理由の一つだったかもしれない。

少子化した核家族には、そうした側面での「子育て力」が欠けている。それに代わる体験は、地域の子ども集団やおとなとの関わりの中で代替できるのだろうが、地域もまたその力を失っている。

手伝い

生活は、いつの間にこんなにも人手のいらないものになってしまったのだろう。年輩の者たちは、テレビを買い、冷蔵庫を買い、洗濯機を買い、掃除機を買い、電気釜を買い、ガス風呂を……というプロセスを個人史の中で思い起こす。しかし若い世代は、目を開けた瞬間から、暮らしの中にすべての便利な生活用品がそろっていた。そうした生活グッズが全くなかった暮らしの不便さ、毎日、人手がどんなに必要だったかを想像することもむずかしいだろう。不幸といえば、こんな大きな不幸はないかもしれない。

今の子どもは家庭といえば何を連想するのか。テレビか、それとも勉強か。かつてはそれが「手伝い」だった。

	昭和二十二年（6年生）	昭和四十二年（6年生）
遊び	1時間45分	43分
手伝い	1時間20分	9分
睡眠	10時間17分	9時間30分
読書	25分	22分
勉強	55分	1時間28分

このデータが示す驚きは、戦後の子どもがいかに家の手伝いをさせられていたかであろう。6年生が一日平均一時間二十分も働いている。それが昭和四十二年にはたった九分となる。この数字も、昭和初期に生まれた者には、実感をもって受け止められるであろうが、しかし平均勉強時間の二倍近くも、いったい子どもは何を手伝わされていたのだろう。その手伝いで子どもはいったい何を身につけたのか。生活スキルだろうか。

確かに昔なら火を起こすこと、ご飯を炊くこと、箒を使うことなど、すべてに高度なスキルが要求された。子ども時代にまったく手伝いを経験していないと、親の家を出た若者は、その日から生活に立ち往生してしまう。しかし今は便利な道具が開発されていて、二十四時間営業のコンビニもあるし、生活スキルなど不必要な時代になってしまった。

生活スキルの獲得でないとすると、子どもの人間形成における「手伝い」の意味は何だろう。

一つは、3Kとか5Kと言われるような、汚くて、苦しい労働を嫌がらないこと、集団に属したとき、そこで自分に割り当てられた、またはしばしば不本意な役割を果たさなければ集団は維持できないとする、生きていく上で必要な感覚を備えることではなかろうか。そこで子どもは「自分が必要とされる役割を果たしていく」のが人生の過ごし方なのだとする人生観を身につける。

最近の学生たちは、社会に出たら「自分を生かす仕事につきたい」と言う。就職してしばらくして集まりをもつと、「自分が生かせない」とする感想が出てくる。しかし「いったいあなたは、〝生かせる自分〟をもっているの？」と、内心で私は彼らを叱る。

大学にいて世間の人からは、自分を生かした職業に就いていると思われがちなわれわれ研究者も、今もって自分を生かしているのかどうか、確信がない。人は運命的に自分が置かれた場で、最善を尽くすよりほかに道がないのだという気もする。そうした諦観というか、社会感覚もしくは人生観は、子ども時代にさせられた「手伝い」「家事分担」の中にあった教育力、子育て力の結果だったのかもしれない。

第一、だれが「手伝い」で自分を生かせると考えるだろうか。考えてみれば人生は、いつも他人の手伝いをするのに似た過程かもしれないのである。関心があろうがなかろうが、向いていようがいまいが、充実感があろうがなかろうが、割り振られた仕事をするだけのことである。

しかしそう思って取り組めば、その中に喜びも人生の意味も感じられる。そうした人生や仕事に対する態度をつくる修業の場が家庭であり、手伝いだったのではなかろうか。

このように、かつて家庭がもっていた「子育て力」とは、考えてみると学校に匹敵するほど大きいものだった。それに比べればしつけが人間形成に果たす役割は、まことに微々たるものかもしれない。

2 地域の「子育て力」

むかし人々がもっと地域と関わりをもって生活していた頃に、それでも不足がちの家庭の「子育て力」を補っていたのが、地域の「子育て力」だった。地域には豊かな自然があり、子どもの仲間集団があり、多様なおとなたちが暮らす生活の場があった。

自然の中で育てられたもの

いつの時代も、自然は子どもの友である。

都市化が進んでいなかった時代に、自然は昆虫、草や木、土や水など、子どもを引きつけてやまない魅力あるもので満ちていた。子どもはそこで好奇心や探求心を育て、言葉をもたないものたちとも心でコミュニケーションを交わしていた。言葉をもたない命のない対象とでもコミュニケーションを交わせるなら、「人間の友だち」とのコミュニケーションが苦になるはずはない。

しかし地域から自然が失われ、地域が子どもの生活の場でなくなって、そうした感性が育つ場を子どもは失ってしまった。それに代わるものを、どこに求めればいいのだろうか。

さらに自然は子どもに、自癒力を育てる。日々の暮らしの中で起こってくる失意や挫折、フラストレーション。それらからの自己回復が、豊かな自然の中での「遊び」を通して可能になる。遊んでさえいれば、「困ったちゃん」は出てきてもその度合いは大したものではない。しかし、いま都会のアスファルトジャングルの中で、子どもはどう自己回復をはかっているのだろうか。

地域の「子育て力」のもう一つの側面は、多様な人々との関わりである。家族はどんなに大きくても、多様でも、いわば限定された小集団でしかない。しかし地域にはその何倍もの多様さを備えた人々がいて、子どもに優しい眼差しを注いでくれる。そこでの人との関わりが、後日のもっと多様で、心理的距離の離れた、時には敵意のある人々との関わりをも可能にする。

小さな家族の限られた人間関係体験の後で、地域をとばして、突然、幼稚園や保育所、学校という大集団に入っていく、最近の子どもたちの危なっかしさ。不登校は起きるべくして起きるとも言える。

3 学校の「子育て力」

情報伝達・スキルの獲得

家庭、地域に次いで、学校の「子育て力」も問題にしなければならない。しかし学校に「教育力」を問題にしても、「子育て力」を問うのは、違和感を感じる人もいそうである。しかしもともと教育とは、子育て作業の一部で「教育もつける」程度のものだったはずなのではないか。今は教育が肥大して、大きなウエイトがかけられすぎているかに思える。といっても、学校は大昔から「読み書きそろばん」を教える専門家のいる場だから、やはり中心に据えられる「子育て力」は教育力、即ち「知識や情報の伝達」「学習スキルの育成」力であろう。

ヨコ関係の仲間

しかし、学校のそれ以外の「子育て力」は、仲間集団、それもヨコの人間関係からなる集団の中での生活だろう。なぜなら、人間関係の基本となる家族は、基本的にはタテの人間関係から成っている。

子どもが双子でない限りは、純粋のヨコ関係は含まれない。

タテとヨコの関係でむずかしいのは、むろんヨコ関係である。タテは保護するかされるかの関係で、基本的には「競争」を含まない。しかしヨコの関係は、基本的には競い合う関係である。もともと同じ年齢だから能力はほぼ等しいはずだが、しかしいつしか上下の関係ができてくる。それをひっくり返そう、維持しようとする競争にしのぎを削る。クラス集団は同じ能力で競い合う構成をもっている以上、しばしばバトルの場でもある。

だから子どもは、上から保護を受ける、または下に保護を加えるというわかりやすい環境の中で、また家族に似た性質をもつ地域の子ども集団の中で、まず基本的な人間関係能力を養ってきた。その後でクラスというバトルの場を経験する順序が大切な順序であった。

今、そうした準備状態なしに入学、入園してくる子どもたちも辛いだろう。基本ができていないいま、大集団に入って行くことにはおびえが生じても不思議はなさそうだ。それが不登校につながっているのであろう。

2節 支えのない成長の時代に

家庭、地域、学校という三つの生活の場が、それぞれ「子育て力」を失ってきた現在、おとなはそれに代わる「子育て力」をどのように用意しようとしているのか、どこで都合をつけようとしているのか。新しく子どもの環境に入ってきたものは、マスメディアであることを考えると、それに代用させようとしているのかもしれない。とりわけテレビはあらゆる疑似体験を提供する。テレビはデパートのように何でもそろっていて、絶えずすべての子どもと家庭に情報を伝達し続ける。失われたものは、これで埋められるだろうか。

しかし、三つの生活の場で子どもが失ったものはそれぞれに「本物の体験」だった。とりわけどの場にも多様で温かい人間関係があった。子育て力は少しずつ違うものの、共通するのは、子どもを育み慈しむ人の存在であった。

人によって包まれ、人によって支えられ、人に慈しまれたのが過去の子どもの育ちだった。子どもが何かに包まれていると感じ、支えられていると感じ、慈しまれていると感じるときに、臨床で大事な概念とされるセルフ・エスティームが生まれる。キリスト教で言えば、自分が神に祝福された存在だと感じられることだろう。別の表現をすれば、自分の生まれてきたことには意味があり、自分が生きていることも意味があると感じられることではなかろうか。

傲慢な自信ではなく、尊大ぶった自信や、他からの優越を感じることで成立する自信ではなく、自分が生きていることがだれからも許され、祝福され、自分の人生が自分のためだけにあるのではなく、人のためにもあるという感情をもてることであろう。

それが確認できるとき、人はどのような攻撃にも挫折にも耐えられる強い存在となる。あらゆることを苦にせずに、日々を前向きに生きることができるようになる。

そうした意味で、三つの生活の場にあった人々の支えと護りと慈しみは、子どもが社会に出て行くためにかけがえのないものだった。

しかし今、子どもは三つの生活の場で、どれをも不十分にしか感じとれない育ちの中で、精神的にもろく不安定になっている。テレビの映像がどのような迫真性と明瞭性を備えても、それは決して代替できないものなのだ。その中で、たくさんの「困ったちゃん」が生み出されている。

6章 子どものよき明日のために

支えること、支持すること
それぞれの逆境を「支える」ことでやり過ごさせる

さまざまな角度から、今日の子どもの発達の臨床問題を見てきた。いま子どもの成長の中に起こっている問題に、われわれはいかに対処すべきか。問題によってさまざまな対処の仕方があり、その一部分は4章でもふれてきたが、最後に子どもの成長に対する支援のあり方を考えてみたい。

1節　子どもを支える

1　人生の「逆境」

考えてみると、人生の中ではだれもがさまざまな災難に出会う。大きな災難もあり、小さな災難もある。自分の身に起こることも、家族や友人の上に起こることもあり、その結果、人はさまざまな「逆境」の中に落とされる。入試に落ちるのも逆境だし、担任とそりがあわなくて登校意欲が失せるのも逆境、いじめのターゲットにされるのも、恋人に去られるのも、交通事故を起こすのも逆境だし、親の離婚も、つれあいの入院も、まだ経験したことのないことが起こる自分のエイジング（加齢）ですらもが、人生の「逆境」である。

しかし人生を振り返ると、大小さまざまな逆境をかいくぐってきて、今日の自分がある。これから先も、まだ逆境と道連れであろう。

その逆境から人はどうやって脱出するか。自分自身の力だけで乗り切ったこともあれば、人の助けを借りてのこともあり、専門家の援助が有効だったこともあったかもしれない。

しかし〈ふつう程度の逆境〉には、人はわざわざ相談室やクリニックのドアを叩かない。その都度自力で、または周囲の人々から与えられた〈さりげない支え〉で乗り越えてきたのではなかろうか。

心理療法には「支持療法」と呼ばれる方法がある。というより、すべての心理療法には、来談者を「支える」という働きがあり、それがベースとなってその上にさまざまな技法が有効になると考えた方がいいかもしれない。

ある母一人子一人の家庭で、六年もひきこもってしまった青年の母親のカウンセリングを担当した。周囲が息子の問題に援助を求めた方がいいと勧めても、母親は断固として「相談室に通うのは弱い者がすることだ」と言って応じなかった。長期化した「ひきこもり」は、放置しておいて事態が改善されることはない。一日も早くそうした状態から抜け出させるには、絶対に専門機関の援助が欠かせないと「ひきこもり」治療の専門家は言う。この母親の頑なな態度は困ったものだが、しかし中学を出て地方の町から大東京に出てきて、さまざまな逆境を体験してきたであろう母親は、その心意気があったからこそ、これまで一つひとつの逆境を脱出してきた人だったに違いない。今回はその信念が通用しないかに思えるが、しかし彼女の心意気には「頑固」と一喝できないものがある。

人は人生で「専門的な援助」なしには抜け出せない「大逆境」に出会うこともあるだろうが、しかしあらかたの「小逆境」には、周囲の人々のそれとない支持で方向を見出すものではなかろうか。多くの人のつつがない人生は、そうして全うされるのだろう。

相談室へ来訪するケースは、運悪く専門家の手が必要な〈大逆境〉に出会ってしまった人々か、または自分で抜け出せる「小逆境」のはずなのに、なぜかうまく周りの人々の「支え」が得られなかったケースであろう。人生は、そう悪いものでもむずかしいものでもないから、頻度としては、小逆境の方がずっと多いに違いない。そこでカウンセラーと呼ばれる人々は、その人に少しだけ手を貸して「支え屋」をしてやる。そうして支えられているうちに、人はなんとか自力で逆境から抜け出していくものなのだ。

相談室に二十回も通ってきている若い女性がいた。だいぶ長くなったたし、問題もほぼ解決したと思われたので、ある時「ここへ来ることは、あなたにとって、どんな意味がありますか」と聞いてみた。五時に仕事を終わって二時間もかけて通ってくるのもたいへんだろうし、家に帰るのも二時間半はかかる。その都度二千円（この料金は大学の相談室だから、民間と比べれば格段に安いのだが、それにしてもホテルでちょっといいお茶をするぐらいの金額ではある）を支払うわけだから、初めの頃の、せっぱ詰まった状況は打開されたわけだし、そろそろ終わりにしてもいいのではないかと考えてのことである。

彼女はちょっと考えるふうだったが、こう言ったのだった。

「駄目押し……最後に背中をポンとついてもらう……だからもう少しここが必要……」

だれもが日常的に、自分はどうすればいいのか、どう考えればいいのか、どちらを選べばいいかに迷う。おおよその見当はついているし、それが自分にとっての「正解」なのだろうぐらいの判断の力は、これまでその人の中で蓄えてきているはずなのだが、彼（彼女）には、ほんの少しだけ、それでいいという自信がない時もある。だから相談室を訪れる。もう一歩なのだが、もう少し自分の「力」を多様な現実で試してみるために、また、試し終わるまで、さらに自分がもう少し成長するまで、カウンセラーに力を貸してほしい。それがカウンセリングにおける「支持」の意味なのではないだろうか。

カウンセラーはひたすら待つ人である。ふだんの人間関係では、自分を待っていてくれる人もいるが、時には都合がつかなくなる場合もある。途中で関係が切れてしまうこともある。それに待っていて、受けとめてもらおうとすることは、相手に負担をかけることでもある。

しかし、カウンセリングとは契約した関係である。一回何がしかの料金を払えば、いつまでも、その関係を続けることができる。どんなに安い料金でも、支払った以上、来談者は相手のカウンセラーと対等に、というより対等の立場で五十分間、話を聞いてもらう権利を発生させる。慈善でも友情でもないから、相手に「すまない」という感情を抱く必要はない。どんなに愚かしいことでも、退屈なことでも、カウンセラーは全身を耳にして「傾聴」してくれる。

ある民間の研究所のスタッフであった四十歳の女性は、上司との不倫が最後に彼の背信で破綻して、相談室を訪れた。一度中絶もした。なぜあのとき子どもを生んでおかなかったのか。自分は出産にはもう生物学的な限界を迎えている。新しい恋をしても、もう子どもは生めない。五年間の日々の出来事、彼との間に交わしたむつごと、彼との約束。それを四回にわたって、彼女は涙ながらに話し続けた。

「友だちはみな、あなたは騙されていたんだ。彼は最初からあなたを騙すつもりだったのよ。不倫の結末は、みなそうじゃないの。あなたがバカだったのよ。早く忘れなさいと言うんです」

カウンセラーは、「その時どきの逢瀬の中に、彼の真実もたくさんあったのではないだろうか。彼もその都度懸命にあなたを愛したのだろうけれど、彼にも人としての弱さがあったから、最後は悲惨な結末になってしまっただけ。奥さんと別れて、あなたと結婚するというのも、その都度、本当の気持ちだったのだろう。でも忘れてはいけない。その輝いた充実したときの一つ一つを忘れてはいけない。それは決して人生の無駄ではなかったのではないか」と言った。

彼女は「そう言ってくれる人がほしくて、ここに来ました。ありがとうございました。これで、きっぱり人生のやり直しができそうです」と大きな目からまた大粒の涙を流して、それでもきっぱりと言い切って、夜の道を帰っていった。

自分のしたことの意味は十分わかっているし、この歳月の努力が無意味だったこともわかっている。しかし新しい方向に歩き出すために、ちょっと背中を押してくれる人がいれば、多くの場合、人は自力で歩き出すことができるのではなかろうか。

専門家は支持的心理療法をこう定義する。

「その人の無意識的葛藤やパーソナリティーの問題には深く入り込まず（専門的なテクニックを使用せず）相手を情緒的に支持しながら援助する」こと。それによってその人の「自我機能を強化させ、本来の適応能力の快復をさせ、現実への再適応を促す」のだと。

（「新版精神医学事典」より）☆1

訓練を受けた専門家でなくとも、人は日常的にお互いに支えあって、大小さまざまな逆境を乗り越えているのではなかろうか。

2 「いじめ」を例に〈支えること〉の意味を考える

学校は昔、家族に次ぐ心の絆の豊かな場であった。しかし今日、その絆の細まりは著しいものがある。その例はすでに、2章表2－1「病院へ見舞いに行くか」の量的調査のデータでも見てきた。自分勝手で社会性のない「困ったちゃん」たちが三十人もそれ以上も集まっている集団は、集団経験のない子どもにとっては非常におそろしいものと感じられるだろう。その大集団の中で、だれの援助もなしに、次々と提示される課題をこなさなければならない状況の心細さと無力感は、想像以上に大きなものに違いない。学校がいま逆境である子がたくさんでてきている。またその荒涼とした世界で、不運にも「いじめ」のターゲットにされた子は〈大逆境〉の中に投げ込まれ、いずれにせよ家に逃げ帰るより仕方がない。

不登校はこうして生まれていく。

しかし子どもの感じ方は別として、われわれおとなの目から見たら、後に子どもが遭遇する〈外の世界での逆境〉に比べれば、今の学校内での逆境はそれ程大きなものではないはずなのだが……。君たち、その程度の「逆境」を乗り越えることができなくてどうする？

しかし、その子はクラスの中で「大逆境」の中にある。はたが何と批評しようと、それは彼のリアリティ（現実）である。客観的に存在しなくても、彼がそう感じる以上、それは紛うことのないリアリティなのである。

「いじめ」が子ども集団内部で起きる問題である限り、その逆境を切り開くのは子ども自身であり、先生も親も、だれも代わってやることはできない。そして今、いじめられている子に必要なのは、周囲の何人かからの小さな〈支え〉なのだ。4章で指摘したように、電話一本、手紙一つ、すれ違いぎわの一言が彼に力と勇気を与える。

そうした周囲からの小さな〈支え〉によって、子どもの中にある「健康な力」が呼び覚まされる。だれもがもっているのだが、使うことをしていなかった力で〈逆境〉を切り開くことができる。それが心理療法家の立場からの考え方である。

教師の重要な役割は、彼自身がその子を支えるだけでなく、仲間からの〈支え〉を生み出す方策を整える役割ではなかろうか。

学校には、担任がおり、養護教諭がおり（時にスクールカウンセラーがおり）、そして子どもの周囲には一人以上の〈仲間……その子に好意を寄せる者〉がいる。それらの人々が「あなたに関心がある、あなたの運命を気にかけている」というメッセージを送り続けることで、子どもは世界と自分への信頼を取り戻すに違いない。

カウンセラーとは、クライエントに〈支え〉を与える者、与えられた〈支え〉によってクライエントの内部にある〈問題解決力〉を強化する働きをする者、または支えによって自我強化を図る者である。しかしこうした専門家による〈支え〉を受けなくても、たいていの逆境は、周りの人々の小さな〈支え〉があれば乗り越えられるのではなかろうか。

3 トットちゃんと校長先生の黒い服

「窓際のトットちゃん」こと黒柳徹子さんは、子どもの頃、あまりの落ち着きのなさ、自分勝手さ、集中力のなさ(少なくともはたの者たちからはそう見えたのであろう)で、今だったらADHDに限りなく近い子どもと言われたかもしれない。でなければ、子どもたちを大事に迎え入れた私立小学校が、愛くるしい客人を退学させるわけはない。

トットちゃんのママは、なぜかトットちゃんを公立小学校へ転学させずに、私立の中でもさらに小さいトモエ学園に連れていく。使われなくなった電車を校舎にしたその小さな学校で彼女を待っていてくれた校長先生は、髪の毛が薄く、前のほうの歯が抜けていて、よれよれの黒の三つ揃いを、キチンと着ていた人だった。

ママは帰ってしまった。校長先生は「さあ、なんでも、先生に話してごらん。話したいこと全部」と言った。彼女の止めどもないおしゃべりを、八時に学校についてからお昼の鐘が鳴るまで四時間もの間、ただじっと聞き入ってくれたのだった。話したいことを全部話し終えたとき、「先生はトットちゃんの頭に大きくて暖かい手を置くと『じゃ、これで、君は、この学校の生徒だよ』そういった…そのとき、トットちゃんは、なんだか生まれて初めて、本当に好きな人にあったような気がした」[☆2]。

カウンセリングで言えば「傾聴」と言われる行為に当たるのだが、トットちゃんは、「この校長先生といると、安心で、暖かくて、気持ちがよかった(この人となら、ずーっと一緒にいてもいい)」。

そうした気持ちを呼び起こすことができるかどうか、それがカウンセラーと呼ばれる人のめざすものではなかろうか。

このエピソードはもう一つの示唆がある。校長先生がよれよれではあったが、いつも黒の三つ揃いを着ていたことの意味である。

物のない時代だったから服がなかったとする解釈もできるかもしれない。しかしこの三つ揃いの服で思い出すのは、イートンとかハーロウのような世界の貴族学校では、生徒も先生もシルクハットに山高帽の制服を常に着用しているというエピソードだ。

目の前のわんぱく坊主も、落ちこぼれっぽい子も、階級社会でいずれ彼らは貴族になる。その日の時のために貴族としての自覚を幼い頃からもたせるために、そして教師は、将来貴族になる生徒たちに敬意を表して、礼服を着用する。

私たちの周りには、今、茶髪、喫煙、万引き、立ち歩き、反抗、低成績、援助交際、その他さまざまな姿を見せる「困ったちゃん」たちがいる。しかし、その子がどんなにひどい姿を見せようとも、どんなにあなたを困らせようと、その子たちはやがてあなたの身長を追い越し、素晴らしい若者になり、素晴らしいおとなになる可能性をもった者たちだ。目の前の茶髪やルーズソックスに幻惑されて、彼らを侮ってはならない。もし彼らが総理大臣になって、恩師として首相官邸に招かれる日がきたら、あなたは最上の三つ揃いかモーニングを着用するだろう。だとしたら、あなたはイートンの貴族学校の教師のように、いつも心に〈礼服〉を着て、その「困ったちゃん」たちと向き合っていなければならない。

筆者の例で言えば、今私が扱いあぐねている「困ったちゃん」は子を虐待した親である。だれもが、目の前にいるどんな子にも青年にも親にも、「困ったちゃん」と呼びかけることはできる。しかし、わが子を虐待する親の心理だけは、未熟なカウンセラーである筆者には、どうしても理解できないし、子への哀れさで、理解したくもない。

しかし機会を得て、そうした親たちに面接をしていると、彼らの中にも後悔や罪の意識があり、虐待という非人道的な行為をして世間から受ける眼差しの冷ややかさや敵意を敏感に感じとって、たじろいでいることを感じる。たとえそれが、親しみの感情を示そうとしてであっても、自分に対するぞんざいな口調、薄笑い、目をそらすしぐさなどを過敏に感じとってしまう。それが、しばしば公権力への反発や反抗のメカニズムとなって現れることもある。せっかく生まれかかっている、後悔や償いの感情をも、外からは見えないものにしてしまうのは、この周囲の冷ややかな眼差しなのである。

鬼のような親にさえも、心のどこかの部分で三つ揃いの背広を着て対峙することができるかどうか、それがカウンセラーとしての資質を問われる正念場であろう。限りなくむずかしいことだが、それをしようと努力しなければならないのではなかろうか。まして、「困ったちゃん」を前にした教員という立場の人々は、であろう。

「支える」「支持する」とは、あなたは私にとって大事な存在だということ、別の表現をとるなら、私はあなたのことが気になる、あなたが好き、あなたと一緒の時間を過ごしたい、あなたの声を聞いていたい、あなたの話を聞きたい。そう思うことではなかろうか。

不幸なことだがカウンセラーは職場を離れると、しばしば人から敬遠される。確かに、ふだんでも頼まれもしないのに、職業的に身についた構えで人の心の中に入ってこようとするかのようで、なにやらうざったい感じを抱く。友人の中でカウンセラーになった人々は、クラス会で会って話していても、どこか身についたウソっぽさをもっている。カウンセラーを「やさしさ屋」と名づけたのは、社会精神医学者の野田正彰さんだったか。

職業的「やさしさ屋」を探さなくとも、ふつうは周囲のふつうの人が人を支える。相手に少しの敬意を示し、相手に関心をもち、そして少し関わろうとする。多くの場合は、それで十分なのではなかろうか。その眼差しの中で、人は少し時間をもらえば、一人で軌道修正をしていく力をもっているはずなのである。

学級の「荒れ」の項で指摘したように、学校について言えば、子どもに対する「強い力」（きまり、規範、ルール、校則など）をもってする〈外的コントロール〉から、「ソフトな支持」が生み出す〈内的コントロール〉をはかる時代になってきている。それによって、友人ストレスが減少し、クラスが〈逆境〉から〈自分の居場所〉になり、学校は子どもにとって異界ではなくなり、自分の世界となるのではなかろうか。

4 「支える」とは子どもを「自分が護られている感じ」の中で育てること

虐待される子どもが増えている。

子ども時代に親から虐待された子の多くは、仮にその親から（施設での保護という形で）逃げ出すことができても、さらにおとなになって親の家庭から自立を果たすことができた後でも、自分を取り巻く世界が安全だという感じ、自分が安全な場にいるという感じが抱けないとされる。

筆者の抱えている〈親から心理的に不適切な扱いを受けた〉過去をもつ若い女性は、結婚して自分の家庭を築いても、折々「親が侵入してくる」夢を見てパニックを起こす。職場でトラブルがあったとか、引っ越しをしたとか、自分が病気にかかったときなど、環境や自分自身に不安定要素が加わると、決まって見る夢である。時には親の侵入イメージは、夢よりもっとリアリティがあるものとして感じられると言う。隣家のドアや窓が開く音に、そんなはずはないのだが、閉めてある自分の家の開口部分から、お化けのようにぬっと親が入ってくる錯覚に襲われる。むろん彼女はそれがありえないことだと知っていて、錯覚と表現するのだが、しかしその幻は折々に何か小さな物音で、本物のように彼女を襲う。

幼い子どもにとって、世界はさまざまな未知なるものでできている。未知なるもの、理解のできないものは、子どもに恐ろしいもの、自分の安全を脅かすものとして感じられる。

しかし親たちは、その恐怖や不安をなるべく小さなものにしようと、子どもの生活空間から、余計な刺激を取り除く。目に見える危険なもの、怖いもの、汚いものを取り除くだけでなく、おとなの世界に起こっている恐ろしい、悲惨な、危険な、汚い出来事、子どもに理解できない性の現実などは、「子どもがもっと大きくなるまで」子どもの目にふれないように隠される。

それでも子どもの中にわき起こる不安に対しては「お母（父）さんがいるからだいじょうぶ。お母（父）さんがあなたを護ってあげるから大丈夫」とメッセージを送り続けることで、子どもは安全感に包まれて成長することができる。

しかし虐待を加える親はこのメッセージを発信しない。身体的暴力、世話されず放置される環境、子どもの気持ちをえぐるような言葉や仕打ちのすべてが子どもから安全感を奪う。たとえおとなになって、自分で自分を護ることができるようになっても、鍵をかけているはずのドアや窓から、突然親が侵入して来て、自分をめちゃめちゃにしてしまうような錯覚に襲われる。

5　見えない敵の恐ろしさ

子どもたちが精神的に不安定さを増し、ガラスのような神経で周囲を警戒したり、小さなことにももろく傷つきやすくなったり、人を信頼できず心の絆を結べなくなったりしている。その多くは、子どもが「安全に護られている感じ」をいだけなくなったことによるのではなかろうか。

ニューヨークの貿易センタービルの破壊の事件は、世界中を震撼させたが、ブッシュ大統領はいみじくも「見えない敵に仕掛けられた戦争だ」と看破した。

考えてみると、昔の敵はわかりやすかった。日本が発展途上だった頃、それはわずか百年足らずの昔にすぎないのだが、親はわが子を護る必要のある敵を数多くもっていた。病気、飢え、寒さ暑さ、蚊や蚤や蛇、上の学校へやれないこと、親が早く死ぬこと……何とわかりやすい敵だったことか。

しかし今は、姿の見えない敵におびえなければならない時代である。子どもにとって今の敵は、学校での成績競争や人間関係なのかもしれない。

しかし親はその敵から、子どもを護ってやれない。子どもを護る方策は、せいぜい勉強しなさいと叱咤激励することや、テレビを見ないように叱ることや、お手伝いをさせないことや……いずれにせよ、まことに消極的で、親はそれ以上はなすすべがない。

親が食事の支度をしなければ、子どもは空腹に泣かなければならない時代ではなくて、食事の支度ができなければコンビニに行けばいい。親が寝坊をすれば、買いおきのインスタントラーメンは湯沸かしポットの熱湯で三分でできる。親に必死で子どもを護ろうとする構えが薄れるのは当然だし、子どもにも親による「護られ感」が薄くなる。

親の役割はどこへ行ってしまったのか。家は単なるおとなや子どもの合宿所のようなものになっているのだろうか。それでいいのだろうか。

おとなには家が快適な合宿所でもいいかもしれない。共働きの若い夫婦などは、それに近い感覚で暮らしているかもしれない。明治や大正の人々のように「やっぱり家がいちばんいい」とは言えなくなって、外の世界に快適な暮らしがある時代なのかもしれない。お金がなくなったときや、身体が不調な時の一時的避難所の役割は果たしても、元気で収入がある人は外の世界のほうがずっと快適な生活の場なのかもしれない。

しかし、子どもはおとなと違って、いつも安全と安心感を求めている者たちである。一見外からは王様のように家で君臨しているかに見受けられるが、実は子どもはいつの時代も本質的には無力で保護を必要とする生き物であり、その生命維持へのじゅうぶんな配慮と、それ以上に目に見えない敵からも親によって「護られている」という感じを何より必要とする弱き者たちなのである。

情報化時代は、外から恐ろしい敵の存在を知らせるニュースがどんどん送り届けられる。昔なら親が目隠しして見せないようにしてくれた現実を、子どもはこれでもか、これでもかと知らされる。

子どもが不安におびえ、神経をとぎすますのも当然だろう。どんな環境にいても、何かが侵入してくるのではないかという侵入イメージを、どの子もかすかに感じている時代なのかもしれない。そしておとなの手を焼かせる「困ったちゃん」が時代の申し子として、作り出される。

子どもを支えてやりたい。親だけではなく、子どもの周囲にいるおとなたちが皆子どもを支える役割を果たさなければならない。見える敵との戦いならアメリカは、どのように大きな敵とも戦う力をもっているに違いない。しかし見えない敵と戦うのは、世界中の力が必要だとブッシュ大統領は演説した。子どもを護る役割も、見える敵ならば両親の力で十分かもしれない。しかし見えない敵と戦うために、子どもを取り巻くすべての人の愛情と善意と力が必要な時代が必要となった。政治、経済、教育、医療、福祉、その他大きなネットワークが構築されてこそ、子どもに必要な支えと護りが提供できるのではなかろうか。むずかしい時代がきたものである。

2節 「困ったちゃん」である母親を支える

1 むずかしい母親面接

多様化する世の中でも、母親ぐらい多様化した者たちは少ないかもしれない。

目の前にいる母親は、ひょっとしたら大臣経験者かもしれないし、本郷にある大学の出身者かもしれず、大新聞で社説を書いていた人かもしれない。むろん、かなりの割合で教員免許状をもち、そのうち何人かは教職経験のもち主かもしれない。最近、いちばん緊張するのは母親対象の講演会で、油断すると手厳しい質問が飛んでくる。その代わり質問もシャープで、話していて、手ごたえのある人びとである。

このように母親は、教師や父親以上に問題意識をもった冴えた母親と、反対に情報化の中で半分しかわかっていない知識を振り回そうとする「困ったちゃん」な母親とに二極化している。

こうした中で、「子どもより親に手を焼く。親をどうにかできないだろうか」との声を、あちこちで耳にする。「偉いおとな」を知らなくなった子どもたちが、教室で勝手放題、荒れ放題。「荒れた学級」になれば、どんなおとなの制止も空回りしてしまうのと同じような状況が、学校や相談室にやってくる親たちにも起きている感じを受ける。

相談室でも、自分の問題で来談したおとなよりも、子どもの問題で来談した親の面接は、けっこうむずかしいものがある。母親面接はどうあるべきか。こうした母親たちに、どう関わっていけばいいのか、を考えてみよう。

子どもの問題で来談した母親の面接のむずかしさは、母親の立場の二面性からくるものだろう。

補助カウンセラーとしての母親

来談した母親を補助カウンセラーとして、子どもの「養育環境」の調整の仕方をお互いに相談しあう場合で、いわゆる父母面談もこれに入るだろう。同時に母親自身が「養育環境」である以上、母親自身も調整の対象となる。いわば補助カウンセラーとしての母親と、環境を構成する母親の二人の役をこなすわけで、そこに混乱もむずかしさもでてくる。

しかし母親自身がより大きな問題を抱えている場合は、補助カウンセラーの役割は取り切れなくなって、クライエントそのものとして扱うことになる。

クライエントとしての母親

母親自身に問題が大きくて、補助カウンセラーの役割を果たし切れない場合がある。子どもについて相談するより、まず母親自身のカウンセリングが必要になる。学校でも面談で、この母親に子どもの養育環境の調整役を期待するのは無理だと感じることがあるかもしれない。

母親面接のむずかしさは、専門家の場合も同じである。親面接のあり方を子どもを治療する際の「補助的面接」とするか、それとも「母親のための母親面接」とするかについては、昔から臨床家が試行錯誤を続けてきていると小此木啓吾氏は指摘する。☆3

自分の中に多くの問題を抱えた母親は、養育環境としての自分の役割を適切に果たしながら、同時に自分の内部の問題をも解決していかなければならないという二重の課題を抱える。母親カウンセリングは通常のカウンセリング以上にむずかしさをもっている。

2 「養育環境としての母親」面接

子どもの不適応問題の多くは、生まれたときから子ども自身の中にセットされていたものではない。大なり小なり「成長環境」に問題があったと考えてよい。なかでも、母親は子どもにとっての最大の環境であり、同時に環境のアレンジャーでもある。子どもの問題は、①母親自身を含む環境としての家族に問題があったか、②親のしてきた「環境のアレンジ」に問題があったか、またはその両方からである。

子どもの問題を解決するカギを握る者として、母親に面接が行われる。カウンセラーは母親面接の中でその両方の問題を探りながら、子どもの起こしている問題を解決しようとする。このように、カウンセラーと母親の二人三脚、またはカウンセラーは母親の伴走者として、母親の走りにつきあう。その中で母親の成長が生まれ、子どもの成長環境が変化する。また新たな問題が見えてきたり、新たな問題が発生することもある。アクション・リサーチに似た過程が、母親面接である。

しかし、いわばカウンセラーに伴走される「走者」としての母親を考えるとき、彼女がどのくらいその役割を果たせるか。別の言葉を使うなら、どの程度「補助治療者」の役割を期待できるかについてを模式図にしてみた（図6－1、6－2、6－3）。

すべての母親（父親）の中には、「健康部分」と「不健康部分」がある。健康部分とは、通常の生活をしていく際に期待できる「環境に対する適応力や問題解決能力を備えた部分」

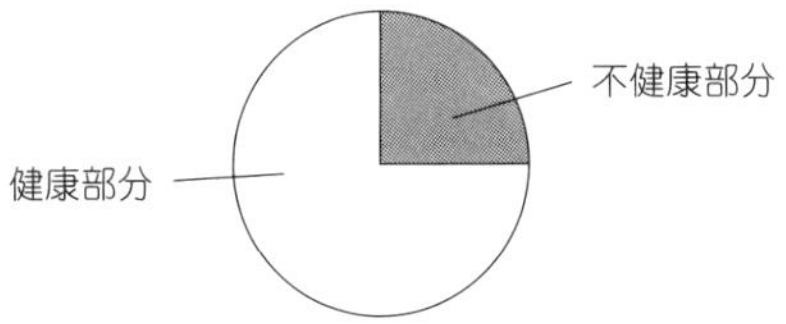

●図6-1　人の「健康部分」と「不健康部分」

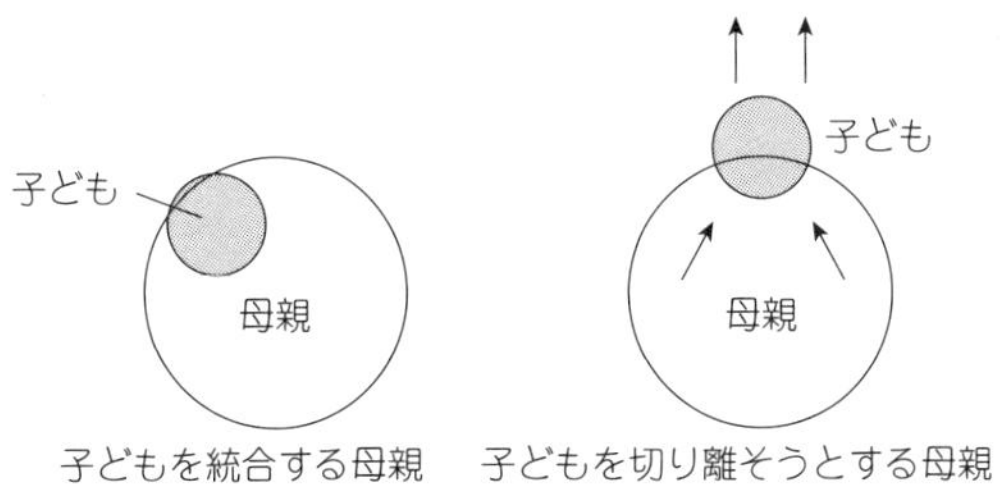

●図6-2　子どもと母親

であり、不健康部分はその機能を失った部分である。不健康部分が広がれば広がるほど、親の問題解決能力は低下し、その問題解決能力によって運営されている家族の「環境適応」はむずかしくなる。「家族力」が低下するとも表現できそうだ。

どんな親でもこの二つの部分があるが、親は不健康部分の割合が大きくなっても、健康部分の力を借りて、何とか「子どもの親」役割を果たそうとする。母親面接の場合、相手が大きな問題をもつ場合には、まず健康部分の面積を広げて、子どもの成長環境を少しでも良質のものにしていくことが必要となる。

たとえば子どもを虐待する親も、〈親全体が異常〉というわけではない。虐待する日もあれば、いい親をする日もある。不健康（この場合は病的な）部分が子に暴力やネグレクトを発生させるが、小さくても残る健康部分が、日常では子どもを育てる行為を可能にする。

しかし健康部分が極端に少なくなれば、親役割の遂行はむずかしくなり、カウンセラーは親に「補助カウンセラー」の期待をすることがむずかしくなる。カウンセラーに、しばらく広がっている「不健康部分を縮小する」ための働きかけが課題となる。

虐待されている子を強制的に親から切り離し、施設に保護して、その間に母親の中の問題、たとえば「幼児期に受けた心の傷を修復するためにカンセリングをしていく」などは、その健康部分を広げるための作業であろう。

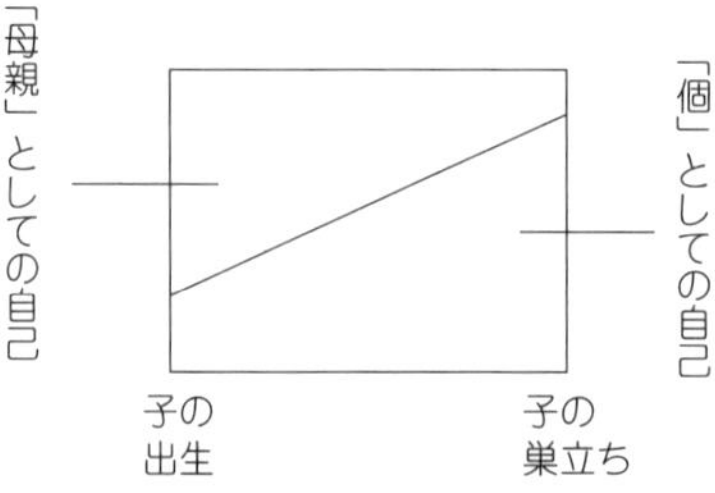

●図6-3 「個」としての自分，「母親」としての自分

3　子どもへの好意を示すことの大切さ

このような、母親の中の「不健康部分」の修正をどうするか。深刻な問題なら、専門家の力を借りる必要も出てくる。しかし、それほど本格的な手だてを講じなくても、可能な方法はないだろうか。

筆者は、教師であれカウンセラーであれ、母親に、こちら側から、「子どもへの好意を示すこと」が何より大切な働きかけだと考える。

図6－2を見よう。言うまでもなく子どもは母親の自我の重要な一部である。日々の母親役割は、どんな場合にも忍耐や献身を要求される。したがって〈手塩にかけて〉育てた子どもは、それ自体が母親の自我の大切な一部となる。もしこの部分が社会的に価値的だったら、つまり、皆に賞賛の眼差しを受ける子であれば、母親の自我は強化される。自分の子育ての努力は意味があったことになり、母親は自分の「子育て力」に自信を深めることができる。子育てを通して自己実現が果たされていると感じることができる。

登園拒否を起こした五歳の女の子の事例をあげよう。母親が離婚して育ててきた娘は、聡明でキュートで、幼稚園の人気者だった。母親の立場を察してか、ずっと手のかからない「いい子」を演じていてくれた子だった。母親はワガママで病身な実母をかかえて、娘には配慮を欠きがちだったが、皆からうらやましがられるような価値的な子に支えられて、自分が母親役割を果たしていないことにも気づかないでいた。娘は、あまりに母親から放置されたため、ついにいい子を演じ切れずに、登園拒否を起こした。娘の登園拒否は、遊戯療法の効果が大きく、速やかに消失した。むろん母親にも面接が行われて、家庭環境の問題が指摘された。

しかしこの母親の子どもが、人びとから「賞賛されない子」であったらどうなるか。母親は子どもを自分の一部から、外に押し出そうとする。「切り離し」と名づけられるメカニズムである。そうした子どもを自分の一部とすることは、母親としての自分の価値を低下させる。わが子を自分の一部として抱えようとする衝動と、押し出そうとする衝動のせめぎ合いの後で、ついには自分と切り離して子どもを見捨てようとする母親もいる。

しかし、そうした失意の中にある母親には、周囲の者が「あなたの子育ては間違っていなかった」と励ますことが何より必要だ。子育ての結果はよい成果を挙げなくても、「私はあなたのお子さんが好き」と評価してくれる他者を彼女は心のどこかで求めている。

世界中でだれ一人子どもに味方をせず、好意を抱く者がいなくても、さらに実の母親ですらそうした心情を抱けないでいる時にも、「でも私は、あなたのお子さんが好き。お子さんに関心がある」と言ってくれる者の存在は、北風と太陽の寓話にも似て、疲れて失意の状態にある母親の心を開かせる。自分の努力が必ずしも無駄ではなかったことが、〈逆境〉にいる母親を救う。

面接の中で、母親が次々と子どもの非を挙げ、子どもに対する否定的な感情が表出されることがある。母親の一つ一つの指摘に共感をもって聞いた後で、カウンセラーは言う。

「ワハハ、それはお母さんたいへんだ！」「でもなかなか面白い子じゃないですか」「いいとこがあるじゃないですか」「そういうところは憎めませんね」

子どものあらゆる欠点を知った後でも、目の前にいるカウンセラーはなぜかわが子に好意をもってくれる。世界中にたった一人でもわが子を「見捨てない存在」がいる。その思いは、それまでの自分が母親として果たしてきた行為と努力を評価されることである。その励まし、その支えによって、今まで萎縮していた健康部分が生気を取り戻し、弾力を増していく。もう一度母親としての役割に努力してみようとする構えが生まれ、不健康部分を健康部分に変える力が働く。それが、母親への最大の支持であり支援となる。

4　どの母親にもある子どもへの否定的感情

すべての女性のなかには、母親役割を果たすことを自己実現の最も重要な部分として位置づけようとする構えと、母親ではなく、個として生きようとする構えが同居している。しかし明治の母親のように、子どもの成長を自分の究極の自己実現とするには、今の母親たちはあまりにも「自分自身」をもちすぎている。

図6－3に示したように、子どもが幼い頃は母親部分の占める割合が大きく、個としての自己実現は抑制され、小さな部分にとどまる。子どもが成長していくにつれて、「個」としての自分を生かしたいとする「自己実現欲求」が広がりはじめる。

考えてみれば、個としての自分にとっての子どもは本来一種の「足かせ」である。個としての自分の自己実現をはばむ存在として、子どもに対する「拒否感情」が生まれる。そうした感じを抱くことは、母親を苦しめる。しかし、母親役割を離れた個としての自己実現を全く望まない女性はいない。

母親でもあるクライエントの面接を行う時には、子どもに対する否定的な感情を受けとめることも大切である。その感情を、それ以下でもなくそれ以上でもなく、ありのままを表出させ、それを受けとめる。そのことによって、子どもをもちながら自己実現をどう果たすか、子どもとともにある自分の姿を直視することができる。人生に誠実に意欲的に生きようとする母親ほど、子どもを育てることをどう自分の人生計画の中に位置づけるかに悩む。周囲の人々は、カウンセラーにせよ教師にせよ家族にせよ、母親たちの子どもに対する否定的な感情を非難せず、受けとめてやってほしい。そうした「支え」の中で、母親たちはこのむずかしい課題にチャレンジする勇気を得るに違いないのである。子どもに対する肯定的感情と否定的感情の二つがうまく統合されることで、新しい自分、新しい家族、新しい自己実現が果たされるであろう。

3節　支えるとは「待つ」こと

二十一世紀は「こころの世紀」と言われるが、その一端だろうか、カウンセラーになりたい人々は増えるばかりで、臨床心理士の受験資格のとれる大学院には、受験生が押し寄せている。この現象の意味は、人から支えられることの不足に悩む人々が増加している現代の社会状況と、その傾向が今後いっそう増加していくだろうと人々が見通しているためだろう。

カウンセラーは人を支えることを業とする職業だが、カウンセラー志望の人々を見ていると、人を支えることを職業にしようとする人は、実は人からの支えが不足していて、「支えを求めている人」だという気もする。職業は人生で人がセルフ・エスティームを確認するための大事な「位置どり」だから、この仕事にとりわけ心を惹かれるのかもしれない。

しかし、支えることを商売にするカウンセラーとは、いったい何が「特別にできる人」なのだろうか。

次のエピソードは、ある「いじめられた子」の事例の収集の中から見出された。この事例の中に出てくるホームレスの女性は、いじめられ続けて死のうとした少年を支えて、その死を防ぐ。

エピソードの中の彼女の姿は示唆的である。彼女は、ただただ少年を待っていた。熱く待つのではなく、静かに待っていた。少年が二度と死を思うことなく、人生の逆境をやり過ごせたのは、この「待っていてくれる存在」によってではなかったか。

僕は今、大学三年です。小学校時代からずっと首都圏のある町で育ちました。小学校一年生から中学二年生まで、八年間も仲間からの「いじめ」にあっていました。

いじめの加害者は、クラスの男子みんなでした。始まったきっかけは、僕の髪が茶パツのように赤かったためだと思います。「ガイジン・ガイジン」などとからかわれました。今から十数年も前でしたから、髪を染めてる人は少なかったんで目立ったんでしょう。

僕ははじめは言い返したりしてたんですが、それが面白くなかったのかと思います。初めは悪口やからかい、靴を隠される程度でしたが、学年が上がるにつれてエスカレートしていきました。体育着をズタズタにされる、机をベランダに出されたり、油性ペンで「来るな!」とか「死ね」など、僕の存在を否定されるような事を書かれるんですよ。

奴らは、何をするにも、先生や大人たちに見つからないように細心の注意を払うんです。取り囲まれて、殴られることもありましたが、誰にもわからないように腹を殴られるので、跡もつきにくかったんです。

すれ違いざまに、いきなり唾をひっかけられたこともありました。いじめに加わっていなかった女子もそうでした。いじめに参加しなかった人は、そういう僕を見て見ないふりをしてました。僕はしょっちゅう保健室登校をしていました。

それでも小二位までは、担任にいじめられていることを言ってたんですが、担任に信じてもらえなかった。今と「いじめ」に対する敏感さが違っていたんでしょう。「狂言癖のある不適応児」と見られていたんだと思います。

親には言えませんでした。毎日のことを親に聞かれても「今日も楽しかった」みたいに、つくろっていました。親に知られるのが怖かったんです。親が気づいたら、親からも捨てられるんじゃないかという気もして…まさに絶望ってやつです。何も信じられませんでした。一度だけ親に話したことがあるんですが、「男なんだから、その程度の事は気にするな」と言われて、親からも取り合ってもらえませんでした。

だんだん「駄目だな」って思うようになりました。誰も自分の話しを聞いていてくれないし、子ども心に「自分が生きている事は間違ってる」という気持ちになっていったんです。

小学校四年か五年だったと思いますが、リストカットしようとしたんです。でも家では何かと家族の邪魔が入るんですね。果たせませんでした。その後半年ぐらいして、遠くで自殺しようと決心したんです。貯めていた小遣いを全部使って、最寄りの駅からいちばん遠い駅までの切符を買いました。小学生料金で二千円位だったと思います。無論片道切符でした。カッターと紐、風邪薬二瓶を持ちました。いくつもの駅を乗り継いだ記憶があります。

周囲に緑の多い駅に降りて、駅の人混みの中を歩いていました。周囲の景色や家族連れの姿、そうした景色や風景が凄く綺麗だったのを覚えてます。

その時でした。あの人と出会ったんです。不思議な人でした。おばさんというかお姉さんというか、微妙な年齢の女性のホームレスでした。出会い方は衝撃的でした。歩いていると後ろから肩を掴まれました。振り返ると浮浪者の格好をした彼女が立っていました。怖くて、警戒心むき出しで「誰？」って聞いたら、「あなた、死ぬの？」と言われたんです。よほど思い詰めた表情をしていたんだと思います。

その人についていって、段ボールを敷いてあった場所に並んで座りました。その人は何を聞いてくる訳じゃなくて、ただ黙って一緒にいました。何故かそれが楽でした。一〇分くらい黙っていると、ボソッと聞いてくるんです。むずかしい質問でした。人間が生きる意義とか、希望の意味とか…それに答えるとまた黙って…夕方まで位だったと思いますが、ずいぶん長い時間でした。日が傾きかけていましたから。その時はじめて思ったんです。「僕の話しを、ちゃんと聞いてくれる人がいるんだ」って。

話し終わったらその人は「一ヶ月我慢して、それでも死にたかったら、またおいで」と言ってくれました。帰る切符代がなかったから、その人が交番へ連れて行ってくれて、電車賃を借りてくれました。直接は言われてないですが、別れ際にこう言ってくれた様な感じがしました。「辛くなったら、またおいで」。


一ヶ月後には行かなかったけど、中学卒業までに全部で数回は行ったでしょう。いつもその人の隣に座っていただけでした。でも凄く楽な時間でした。

家の人には「友だちの家に行く」と言って出かけていました。いつも「行けば、話しを聞いてくれる人がいる」その気持ちで過ごしていたんです。それで、「いじめ」に耐えられたんでしょうか。少なくとも当時の自分には、その人の存在が支えの様なものになっていたと思います。

高校に入学して、その人に入学したことを報告に行ったんです。でも、その場所にはもういませんでした。不思議ですね。

そんなに長い間「いじめ」が学校側に分からなかったのかとお思いでしょうが、あることで学校側に「いじめ」事実が知らされました。中二の終わりに、地域と学校の交流事業があったんです。学社連携というんでしょうか。地域のオジサンが、学校に一年間駐在し、学校からも先生が一人地域に出たと思います。一年間だけだったけど、授業中に学校内を見て歩いたりしていました。中三の初めだったか、僕が四、五人から殴られていた「いじめ」の現場をその人が見つけて、学校に抗議してくれたんです。それでやっと僕の狂言ではなく、ほんとだったことが明るみに出たんです。

「いじめ」の事実が明らかにされて「いじめ」は一応なくなり、中三の夏前には教室に完全に復帰しました。いじめは終わったけど、その後も友だちと気まずさが残りました。ずっと、友人として話せる人が、いないままでした。

中三の秋になって進路を決める時期がきました。こんな自分が行く学校はないと、高校進学を断念しようとしたんです。その時、新しい担任が「いじめがない高校がある」って紹介してくれたんです。「いじめがない」っていう響きに惹かれて進学しました。その時思ったんです。「いじめられて終る人生じゃなかったんだ。自分には、その先の未来があるんだ」って。

新しい環境は正直怖かったけど、その高校には誰も自分を知ってた人がいなかったんです。そこで自分を取り戻して、部活や学園祭なんかを頑張って、それで今の大学に入学したんです。

そのホームレスの人、地域から学校に入って来た第三者（学校関係者以外の人）、中三の時の新しい担任。その三人がいなければ、今の僕はなかったし、生きていたかどうかもわからないと思います。

今はいじめられたことが、どうしたら笑い話にできるかって思います。でもその当時の連中とは会いたくありません。ここで自分の体験をカムアウトしたのは、同じように、またはもっと「いじめ」で苦しんでいる人たちの心の〈支え〉になりたい。この記録が何か役に立ってくれたらと思うからです。

（大学三年男性）

カウンセラーとは「待つ人」である。特別なことをする人ではなくて、自分を必要とする人々のために「待つこと」を仕事とする人々である。待たれることが人を支える。

考えてみれば、職業人としてのカウンセラーの力を借りなくとも、人は大抵の場合、周囲に自分を待ってくれる存在をもっている。子どもは、遊び疲れて母親が待つ家に帰ってくる。ランドセルを背負って、母親の待つ家庭に帰ってくる。恋人は待ち合わせの場所に急ごうと小走りに駆け出す。夫は妻の待つ家庭に帰ろうと灯のついた家路を急ぐ。家に帰って、または朝起きて、親の仏壇に線香をあげる人もいる。それがかつての人生の構図だった。

しかし次第に、自分を「待ってくれる存在」をもたない人々が増えている。人生の時間の流れが、ゆったりと流れる大河から、台風の後で水かさが増し、激流となったかのような時代には、形では待っていても、心で人を待つゆとりがなくなった。とりわけ子どもは早く早くと成長をせかされ続けている。誰もが、自分の今日の帰りを待ち、自分の明日を信じて待っていてくれる人を探し求める時代がきている。しかしその心は、特別なスキルをもった専門家によらなければ、充たされないものなのだろうか。

あとがき

本のあとがきを書くのは、研究者として至福の時である。

研究者としての個人史を振り返れば、大学院を終えて東京教育大学（現筑波大学）の教育学部教育相談研究所の助手として子どもの臨床に関わったのが初めであり、その後東京学芸大学に移ってからは臨床の施設が設置されていなかったこともあって、夫と若い研究者や先生方との研究調査チームを作り、ベネッセの支援を得て、子どもの発達問題の調査研究を二十五年。そして定年退官後に、筑波系の東京成徳大学に赴任して、また発達臨床を手がけることになった。

二十五年間臨床から遠ざかって復帰してみると、臨床の場は昔と比べて多様さと重篤度を増していた。いじめ、虐待、ひきこもり、ＡＤＨＤ、ＤＶ、セックスレスカップルなど、時代の先端を行くケースに出会って、カウンセリングを一から学びなおした。五十分の記録テープは、自分の臨床の学びなおしのために院生に頼まず、自分でテープ起こしをして五時間。それをパソコンに入れるという気の遠くなるような時間を費やして三年間が経過した。その間に、本屋めぐりをしながら臨床の本棚に並ぶ数々の著書を見て感じたのは、二十五年の臨床家としてのブランクはもう取り戻せないだろうという諦観だった。

しかしその代わり、二十五年の調査マンとしての蓄積を何とか自分の臨床に生かせないだろうか、そこに何か自分の個性が出せないだろうかとも思うようになった。それができるかどうかは、今もって自信がないが。

この本の原稿を書き始めたのは平成十三年のお盆休みだったが、一か月で脱稿して、出版の都合でしばらく塩漬けにした後で、十五年のお正月休みに加筆した。今は二足の草鞋のままで行こうと覚悟を決めて、この原稿の執筆にあたった。臨床家の仕事と調査マンの仕事が木に竹を継ぐような形にならなければいいがと思っているが、どうだろうか。

考えてみれば、私の研究者生活は、いつもよき男性の先輩（上司）に恵まれ、このじゃじゃ馬に、のびのびと仕事をさせてくださった方々あってのことだったと、遅ればせながら今、思っている。もう少し才能があればその方たちの期待にも添えたのにと、その点はお詫びしたいが、定年後に移った東京成徳大学で、しみじみとそれらの先輩に感謝している。

東京教育大学の教育相談研究所の助手当時お世話になった真仁田　昭先生（現目白大学短期大学部副学長）、東京学芸大学時代の児童学講座の上司、井上義朗先生（東京学芸大学名誉教授）、東京成徳大学へ呼んでくださった高野清純先生（筑波大学名誉教授・遠山寺住職）に改めて感謝している。そして、今また国立大学時代はできなかった新しい仕事を次々とさせてくださる理事長の木内四郎兵衛先生にも、またベネッセ・コーポレーション社長福武総一郎氏にも、大きな恩を感じている。

二〇〇三年五月

深谷　和子

書
☆9　斎藤　環　1998　社会的ひきこもり—終わらない思春期　PHP研究所
☆10　深谷和子　1996　いじめ世界の子どもたち　金子書房
☆11　深谷昌志（編）1997　好かれる教師はどこが違うか　明治図書
☆12　志村聡子　1999　東京成徳大学心理学研究科修士論文　学級の荒れの発生とその発生要因に関する一研究
☆13　司馬理英子　1999　ADHD のびた・ジャイアン症候群 2　これで子どもが変わる　主婦の友社
☆14　黒柳徹子　1981　窓際のトットちゃん　講談社
〈参考文献〉
第17期東京都青少年問題協議会答申　1988　現代青少年と性をめぐる社会的諸問題について—成熟ギャップをどう超えるか　東京都生活文化局
第22期東京都青少年問題協議会答申　1997　性の商品化が進む中での青少年健全育成—東京青少年の健全な育成に関する条例に関して　東京都生活文化局
深谷和子・三枝恵子　1989　高校生と性　モノグラフ・高校生 Vol. 26
深谷和子・三枝恵子・宮沢良美　1994　高校生の性とデート　モノグラフ・高校生 Vol. 43
深谷昌志（編）　2000　徹底解剖「学級の荒れ」学文社
上野一彦　1984　教室のなかの学習障害　有斐閣
ハロウェル，E. M.・レイティー，J. J.／司馬理英子（訳）　1998　へんてこな贈り物　インターメディカル
高野清純・渡辺弥生　1998　学習障害（LD）ってなに？　黎明書房

6章

☆1　加藤正明・保崎秀夫・笠原　嘉・他（編）　1993　新版精神医学事典　弘文堂
☆2　黒柳徹子　1981　窓際のトットちゃん　講談社
☆3　小此木啓吾　1969　「児童治療における平行母親面接（その1，その2）」 児童精神医学とその近接領域，3巻10号
〈参考文献〉
深谷和子　2001　母親面接の基本を考える　児童心理55，No. 2.
橋本やよい　2000　母親の心理療法　日本評論社

文献

1章

☆1　アリエス，P.／中内敏夫・森田伸子（編訳）　1992　「教育」の誕生　藤原書店
☆2　九鬼隆一　文部省年報による

2章

☆1　深谷和子・吉野真弓・岡村克志・他　2000　心のケアワーカーとしての養護教諭　モノグラフ・小学生ナウ Vol. 20−3　ベネッセ教育総研
☆2　深谷昌志（監）　1995　中学生は変わったのか―1983年調査との比較　モノグラフ・中学生の世界 Vol. 51　ベネッセ教育総研

3章

☆1　深谷和子・他　2001　親や先生から言われたくない言葉　児童心理，10月号臨時増刊
☆2　深谷和子・他　1972　幼児のイメージ尺度作成の試み（その1）　東京教育大学教育相談研究所紀要第12集
☆3　平野真穂　1998　母親の中にある子ども像の変化に関する一考察―24年後の比較研究　日本子ども社会学会紀要子ども社会研究4号

4章

☆1　深谷和子・及川　研・平野真穂・他　2001　子どものやせ願望―見た目を気にする子どもたち　モノグラフ・小学生ナウ Vol. 21−2　ベネッセ教育総研
☆2　深谷和子・三枝恵子・小原孝久　1997　援助交際　モノグラフ・高校生 Vol. 52　ベネッセ教育総研
☆3　村上　龍　1996　ラブ&ホップ―トパーズⅡ　幻冬社
☆4　宮台真司・山本真英・藤井誠二・他　1998　性の自己決定原論―援助交際・売買春・子どもの性　紀ノ国屋書店
☆5　宮　淑子　1998　性の自己決定とフェミニズムのアポリア　宮台真司・山本真英・藤井誠二・他　性の自己決定原論―援助交際・売買春・子どもの性　紀ノ国屋書店
☆6　速水由希子　1998　援助交際をする少女たち　宮台真司・山本真英・藤井誠二・他　性の自己決定原論―援助交際・売買春・子どもの性　紀ノ国屋書店
☆7　高村寿子・松本清一（監）　1999　性の自己決定能力を育てるピアカウンセリング　小学館
☆8　谷井淳一・沢崎達夫　2002　適応指導教室における体験的活動が不登校児童生徒の回復過程に果たす役割の研究　平成11，12，13年度科学研究費補助金基盤研究C研究成果報告

刊行にあたって

日本子ども社会学会は1994年６月に発足し，10年目に入った若い学会である。子どもの側に立って「子ども」と「子ども社会」の問題を研究するのが目的で，会員は教育学，教育社会学，発達心理学，臨床心理学，児童精神医学，児童福祉学，児童文学など，多様な領域の専門家から構成されている。会員の中には，大学に籍を置く研究者はむろん，小中学校や幼稚園，福祉施設などで，日常的に子どもと接している人びとも多い。

その後，研究大会の開催や学会紀要の刊行などを中心に，学会活動を展開し，学会のメンバーも順調な増加を示している。学会発足時の性格を反映して，本学会の研究は，子どもの問題を実証的にとらえ，子どもの視点で対応を考えるという問題解決的な色彩が強いことを特色としている。

学会のそうした研究成果の一端は，1999年に『いま，子ども社会に何がおこっているか』（北大路書房）として刊行することができた。

学会の研究成果の刊行は，専門分野に関連した事典やハンドブックの形が一般的だ。専門家の協力を得やすいし，専門的なレベルも保てるので，こうした企画は学会の性格に適していると思われる。

しかし，今日，あらゆる学問領域で専門分野の細分化が進み，細分化された諸領域での研究が深まる反面，そうした諸研究の総合化がなおざりになっている。あるいは，隣接する領域の動向が視野からはずれる傾向も生じている。

それだけに，細分化の成果を踏まえつつ，総合的視点も持った，骨組みのしっかりとした研究の必要性が感じられる。そこで，子どもと子ども社会研究の成果を書き下ろす「単著シリーズ」の刊行を企画した。

研究者歴が長くなると，雑用が増し，初心を忘れがちになる。それぞれの筆者に，長い研究者歴の中で生み出してきた知見をまとめてほしいと思った。それが，「日本子ども社会学会セレクション」である。今回は４冊と限られているが，今後，第２期企画を検討したいと考えている。

さいわい，前著に続き，北大路書房のご協力を得ることができた。出版事情の厳しい現在，企画に賛同していただいた北大路書房に感謝しているとともに，本学会のいっそうの発展を願っている。

2003年５月５日　子どもの日に

日本子ども社会学会会長

深谷　昌志

深谷和子（ふかや・かずこ）

1935年　東京都に生まれる

1963年　東京教育大学（現筑波大学）教育学研究科博士課程単位取得退学

現　在　東京成徳大学人文学部教授／同心理・教育相談センター長，東京学芸大学名誉教授

主著・論文　幼児・児童の遊戯療法　黎明書房　1974年

遊びと勉強（共著）　中公新書　1976年

ファミコン・シンドローム（共著）　同朋舎　1989年

働くお母さんからの61通の手紙　PHP研究所　1991年

青少年条例―自由と規制（共著）　三省堂　1993年

あなたのクラスはジェンダーフリー？（共著）　東京都女性財団　1995年

「いじめ世界」の子どもたち　金子書房　1996年

日本子ども社会学会セレクション

子どもを支える

子どもの発達臨床の今とこれから

2003年6月10日　初版第1刷印刷
2003年6月20日　初版第1刷発行

著　　者　深谷和子
発 行 者　小森公明
発 行 所　㈱北大路書房

〒603-8303　京都市北区紫野十二坊町12-8
電話（075）431-0361㈹
FAX（075）431-9393
振替　01050-4-2083

Printed in Japan.　ISBN4-7628-2321-X
印刷・製本／㈱シナノ